rf und Realisation:
astle Graphics Limited
x Barker
deen: Alex Barker
ve Moss

e deutsche Ausgabe

lischen:

schen Ausgabe:
Köln
shing services GmbH, Köln

Hinweise

- Sind Zutaten in Löffelmengen angegeben, ist immer ein gestrichener Löffel gemeint.
- Ein Teelöffel entspricht 5 ml, ein Esslöffel 15 ml.
- Sofern nicht anders angegeben, wird Vollmilch (3,5 % Fett) verwendet.
- Bei Eiern verwenden Sie, wenn nichts anderes angegeben, mittelgroße Exemplare.
- Sofern die Schale von Zitrusfrüchten benötigt wird, verwenden Sie unbedingt unbehandelte Früchte.
- Die angegebenen Vor- und Zubereitungszeiten in jedem Rezept sind grobe Richtwerte, die je nach Backtechnik und Herdtyp differieren können.
- Bei Verwendung des Backofens sollte dieser immer auf die angegebene Temperatur vorgeheizt werden. Bei Umluftherden bitte die Anweisungen der Hersteller beachten.
- Kinder, ältere Menschen, Schwangere, Kranke und Rekonvaleszente sollten auf Gerichte mit rohen oder nur leicht gegarten Eiern verzichten.
- In diesem Buch werden einige außergewöhnliche Backzutaten verwendet. Es kann daher sein, dass Sie im normalen Supermarkt nicht fündig werden. Im Internet, zum Beispiel unter www.backfun.de, finden Sie schon eine sehr große Auswahl an Backformen, Lebensmittelfarben, Dekorelementen usw.

Wenn Sie ein gut sortiertes Konditorenfachgeschäft sehen, dann kaufen Sie möglichst haltbare Zutaten auf Vorrat.

In Deutschland sind erhältlich: Gummi arabicum, Kakaobutter, Farb- und Glitzerzucker, silber-, kupfer- und goldfarbene Lebensmittelfarbe als Sprühfarbe oder Pulver sowie „Moondust", ein spezieller Zucker, der keine Feuchtigkeit ausaugt. Statt essbaren Klebers können Sie kleine Mengen Puderzucker mit Zitronensaft anrühren und mittels einer kleinen Spritztüte gezielt auftragen.

Torten dekorieren

Parragon Books Lt
Chartist House
15–17 Trim Street
Bath, BA1 1 HA, UK
www.parragon.com

Übersetzung aus dem En
Wiebke Krabbe, Damlos
Redaktion und Satz der deu
Lesezeichen Verlagsdienste,
Koordination: trans texas pub

ISBN 978-1-4723-5087-9

Printed in China

Torten dekorieren

Alex Barker

Parragon

Bath • New York • Singapore • Hong Kong • Cologne • Delhi
Melbourne • Amsterdam • Johannesburg • Shenzhen

Inhalt

Kunstvolle Dekorationen 32

Festtagstorten 46

Einleitung

König Victoria von England wünschte am Nachmittag ein Stück Kuchen – so entstand nicht nur das englische Teeritual, sondern auch der Victoria-Biskuit. Noch im 21. Jahrhundert ist beim Nachmittagstee oder -kaffee der Kuchen oft selbstverständlich eingeschlossen, und selbst wer sich am Nachmittag keine Zeit für eine ausgedehnte Pause nehmen kann, ist einem Stückchen Kuchen nicht abgeneigt. Um allerdings einen Alltagskuchen in ein außergewöhnliches Vorzeigestück zu verwandeln, ist es mit dem schnellen Backen nicht getan.

Das Dekorieren von Gebäck kann Liebhaberei oder Beruf sein. Um das süße Handwerk perfekt zu beherrschen, braucht man viel Übung und Erfahrung. Den meisten von uns geht es aber darum, etwas Kreatives zu tun und nachher stolz das Ergebnis vorzuzeigen. Ein aufwändig dekorierter Kuchen ist ein liebevolles Geschenk, in das man viel Zeit und Sorgfalt investieren sollte.

Heute entscheidet jeder selbst, ob ein Kuchen einfach, aufwändig oder kunterbunt sein soll. Die Wahl der passenden Dekoration sollte gut überlegt sein. Zu manchen Anlässen passen Rüschen, Schleifen und Rosen, für andere eignet sich eine bunte, essbare Figur besser, und wieder andere verlangen nach kandierten Blüten oder Früchten. Sie werden staunen, wie einfach es ist, eine raffinierte Dekoration zu gestalten, wenn Sie sich nur genug Zeit für Planung und Vorbereitung nehmen.

In diesem Buch werden verschiedenste Gebäckdekorationen vorgestellt – von einfachen Grundrezepten bis zu raffinierten Tortenverzierungen. Im ersten Teil geht es um die Rezepte, Techniken und Arbeitsweisen, die Sie zum Verwirklichen faszinierender Tortenkreationen brauchen. Ob Victoria-Biskuit, Früchtekuchen, Schokoladentorte oder Karottenkuchen – hier finden Sie die Grundrezepte. Dazu gibt es eine Reihe von guten Tipps zum Verändern der Mengen für verschiedene Backformgrößen und zur Wahl und Handhabung der optimalen Werkzeuge. Außerdem lernen Sie die klassischen Methoden zur Verarbeitung von Marzipan, Eiweißspritzglasur und weicher Zuckerpaste kennen.

Im zweiten Teil des Buches können Sie Schritt für Schritt die Entstehung von 24 auserlesenen Tortenkreationen nachvollziehen. Selbst Anfängern gelingen mithilfe des Wissens aus dem ersten Buchteil solche Kunstwerke. Entdecken Sie, wie mit nichts als einem Spritzbeutel faszinierende Muster entstehen: Formen Sie kleine Pinguine oder verlockende Himbeeren und Brombeeren. Oder gefallen Ihnen die zarten Schmetterlinge und die ausgeschnittenen Bronze-Tauben besser? Vielleicht möchten Sie auch an einem vergnügten Nachmittag mit der Familie oder mit Freundinnen Muffins oder Törtchen garnieren.

PME
57R

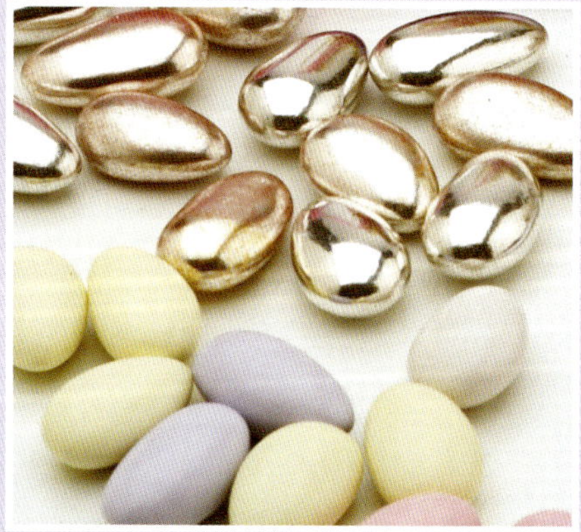

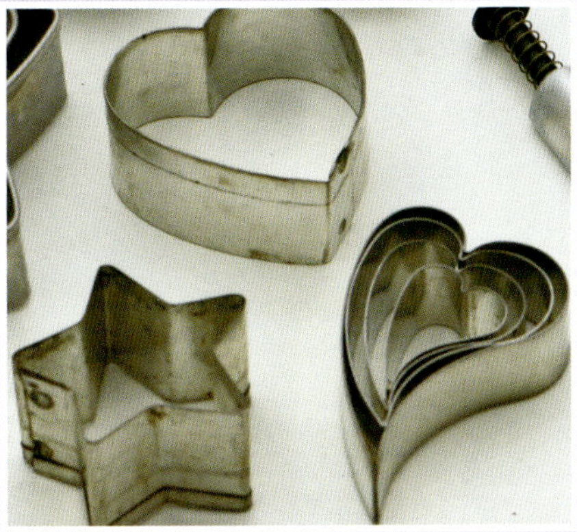

Bestens vorbereitet

Die Auswahl an Rezepten, Dekoren, Werkzeugen, Formen, Zutaten und Farben ist so groß, dass die richtige Vorauswahl getroffen werden sollte. Legen Sie Rezept und Dekor fest, dann beschaffen Sie das nötige Zubehör. Wer keinen Anbieter für Konditoreibedarf in der Nähe hat, sollte reichlich Zeit für die Bestellung ungewöhnlicher Zutaten und spezieller Utensilien einplanen.

Damit ein Kuchen zuverlässig gelingt, brauchen Sie ein gutes Rezept und eine hochwertige Form, die korrekt vorbereitet werden muss. Außerdem ist wichtig, dass der Backofen die eingestellte Temperatur genau erreicht und gleichmäßig hält. Backformen in ungewöhnlichen Größen und Formen sind im Fachhandel erhältlich, manche Fachgeschäfte für Konditoreibedarf verleihen sie auch. Bewahren Sie Ihr Spezialzubehör zusammen an einem Platz auf, etwa in einem besonderen Kasten. Kleine Teile gehen leicht verloren, und Ersatz zu beschaffen könnte schwierig und teuer werden.

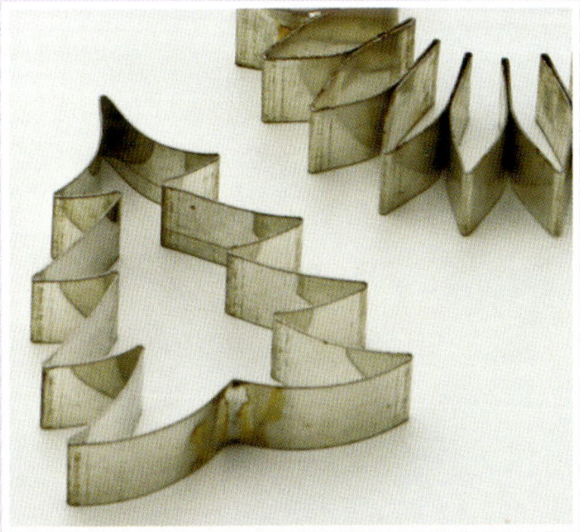

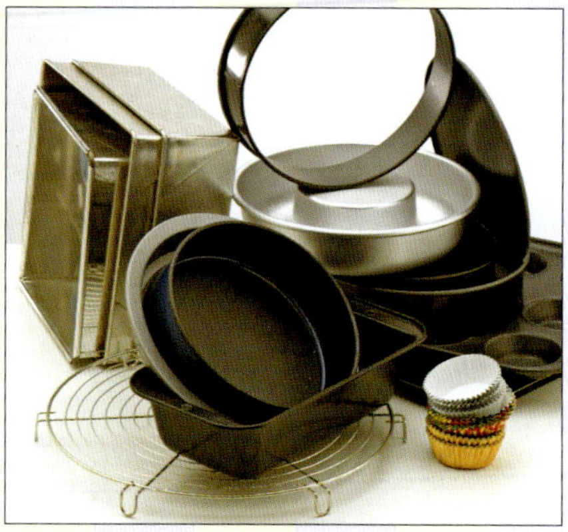

Backzubehör

Wahrscheinlich haben Sie schon verschiedene Backutensilien, eventuell bewährte Familien-„Erbstücke“, sodass Sie nicht alles neu kaufen müssen. Bei Formen und Rührgeräten kommt es aber darauf an, wirklich das optimale Hilfsmittel für den jeweiligen Zweck zu verwenden.

- **Backformen:** Erhältlich in vielen Formen und Größen. Ideal sind hochwertige, antihaftbeschichtete Formen mit herausnehmbarem Boden. Die Formen sehr sauber und trocken halten. Extragroße Formen für besondere Anlässe kann man ausleihen.
- **Bindfaden:** Zum Fixieren von Papiermanschetten für Früchtekuchen, die nicht zu schnell bräunen sollen. Auch praktisch zum Ausmessen von Backformen.
- **Bretter:** Verwenden Sie für süße Dekorationen möglichst nicht die normalen Holzbrettchen. Ideal sind weiße Kunststoff-„Bretter“, die in guten Haushaltsgeschäften erhältlich sind.
- **Frischhaltefolie** verzögert das Härten von Glasuren und Marzipan. Auf Alufolie trocknen Schokoladen- und Karamelldekore gut. Küchenpapier kann zum Ablegen von trockenen Zutaten praktisch sein.
- **Kuchengitter:** Zum Abkühlen von Gebäck aller Art.
- **Messer:** Große und kleine Palettenmesser zum Verstreichen und Glätten von Glasuren und Teig. Sie sollten auch einige gute, scharfe Küchenmesser besitzen.
- **Papier etc.:** Zum Auslegen von Formen und Blechen sowie zum Vorzeichnen von Dekoren und zum Rollen von Spritzbeuteln brauchen Sie Pergament- und Backpapier.
- **Pinsel:** Sie brauchen verschiedene Größen zum Fetten, Auftragen von Aprikosenglasur, Befeuchten von Oberflächen mit Wasser oder Zitronensaft und zum Malen feiner Dekore.
- **Rührgeräte:** Wer häufig backt, braucht gute Rührgeräte. Elektrische Handrührgeräte sind preiswert und praktisch zum Rühren leichter Teige und zum Schlagen von Eischnee und Sahne. Eine Küchenmaschine mit Schneebesen und Knethaken eignet sich gut zum Rühren von Glasuren und zum Kneten schwerer Teige. Mixer mit rotierendem Schneidemesser sind für Teige und Glasuren weniger zu empfehlen.
- **Siebe:** Wichtig zum Sieben von Mehl und Zucker und zum feinen Bestäuben von Torten mit Puderzucker oder Kakaopulver.
- **Tortenplatten:** In vielen Größen und Formen erhältlich.

Fotos links, von oben:

- *Pinsel zum „Abfegen“ von Flächen, zum Fetten von Formen und zum Aufmalen von Dekorationen. Pinzette und Cutter für gestochen scharfe Details.*
- *Nur scharfe Messer schneiden gut. Paletten in verschiedenen Größen erleichtern das Bewegen kleiner Teile.*
- *In hochwertigen Formen gart der Teig gleichmäßig und lässt sich gut herauslösen.*
- *Auch die Tortenplatten kann man schön dekorieren.*

Ein gutes Rührgerät leistet gute Arbeit.

Backformen auslegen

Vorbereitung einer runden Form für Früchtekuchen

1 Aus Pergamentpapier zwei Kreise für den Boden sowie einen Streifen in doppelter Formhöhe und etwas mehr als der Länge des Formumfangs zuschneiden. Den Streifen längs zur Hälfte falten. Eine Kante 2 cm breit umfalten und mehrmals schräg einschneiden.

2 Einen Kreis auf den Formboden legen. Den Streifen senkrecht in die Form stellen. Die Einschnitte zeigen nach unten und werden gemäß der Rundung übereinander geschoben.

3 Den zweiten Papierkreis einlegen, um die Einschnitte am Rand zu bedecken. Boden und Wandung leicht einfetten.

4 Einen doppelt gefalteten Streifen dickes Packpapier um die Form legen und festbinden.

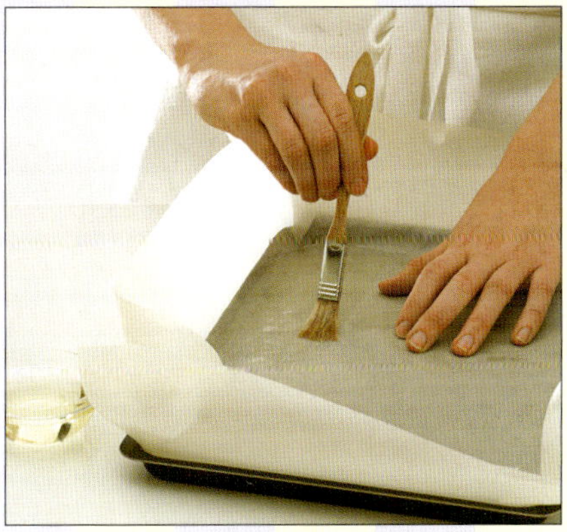

Auslegen eines Blechs für Biskuitrolle

1 Ein Rechteck aus Pergamentpapier schneiden, das rundherum 5 cm größer als das Blech ist. Das Papier auf das Blech legen, die Ecken schräg einschneiden, die Ränder aufstellen.

2 Das Blech leicht einfetten, damit das Papier daran haftet. Das Papier auf das Blech legen, dünn fetten und mit Mehl bestäuben. Überschüssiges Mehl abschütteln, dann den Teig ausstreichen.

Zubehör zum Verzieren

Wer Spaß an kreativen und kunstvollen Verzierungen hat, kann eine Menge Spezialutensilien gebrauchen. Ständig kommen neue Werkzeuge oder Ausstechformen in interessanten Formen auf den Markt. Zum Einkaufen müssen Sie nicht einmal aus dem Haus gehen, vieles kann im Internet bestellt werden.

- **Ausstechformen:** Es gibt sie in allen erdenklichen Formen und Größen, z. B. Weihnachtsmotive, Zahlen, Buchstaben, Tiere, Blüten, Blätter.
- **Backrolle etc.:** Für Marzipan und Zuckerpaste eignet sich eine Backrolle in Standardgröße mit möglichst glatter Oberfläche. Für kleine Dekore und Blüten ist ein kleines Rollwerkzeug aus Marmor, Kunststoff oder Stahl praktisch. Es gibt auch Reliefwalzen zum Einprägen von Motiven.
- **Bänder:** Ein farbiges Band, das um eine Torte gewunden ist oder den Rand der Tortenplatte schmückt, kann ein sehr hübsches i-Tüpfelchen sein.
- **Blumenstempel:** Ein schirmförmiges Werkzeug als Unterlage beim Aufspritzen winziger Glasurblüten.
- **Blütendetails:** Fertige Staubgefäße und beschichtete oder umwickelte Drähte zum Zuschneiden solcher Details kann man fertig kaufen. Es gibt auch Werkzeuge zum Aufprägen einer realistischen Blattmaserung.
- **Cutter:** Zum Ausschneiden von Papierschablonen oder kleinen Dekoren, auch zum vorsichtigen Aufsetzen oder Entfernen winziger Details.
- **Drehscheibe:** Praktisches Hilfsmittel, um eine Torte zu dekorieren. Manche Scheiben können geneigt werden.
- **Essbarer Klebstoff:** Gut zum Zusammensetzen von Blüten und zum Befestigen von Dekorteilen auf Zuckerpaste.
- **Floristendraht:** Gut geeignet, um Blätter an Blüten zu befestigen, Sträußchen zu binden, Bändern Form zu geben oder spezielle Festdekorationen zu fixieren.
- **Glättwerkzeuge:** Es gibt Spezialwerkzeuge, mit denen man eine messerscharfe Kante zwischen Oberfläche und Seiten einer Torte erhält.
- **Lebensmittelfarben:** Flüssigfarben eignen sich zum Anmischen von Pastelltönen, Pasten für intensive, kräftige Farben. Farbpulver kann man aufstäuben, mit Pastenfarben in der Tube oder in Stiftform kann man malen und schreiben.
- **Marzipankneifer:** Diese Werkzeuge ähneln großen Pinzetten mit speziell geformten Enden. Man benutzt sie, um Muster (wie Herzen, Blätter oder Schnörkel) in Teig oder Zuckerpaste zu prägen.
- **Modellierwerkzeuge:** Solche Werkzeuge zum perfekten Modellieren von Zuckerpaste gibt es in verschiedenen Formen und Größen.

Fotos links, von oben:

- *Lebensmittelfarben gibt es als Flüssigkeit, Paste, Pulver und in Stiftform. Praktisch sind essbares Gold und Silber, essbarer Kleber und Klarlack. Diese sind zum Teil in Deutschland nicht zum Verkauf zugelassen, wohl aber im benachbarten Ausland.*
- *Kleine Dekore, die bemalt oder überstäubt werden, kann man leicht mit einer Punze gestalten. Es gibt sie in vielen Formen.*
- *Mit Spritztüllen kann man feine Linien ziehen, mit einer Pastenpresse formt man in Sekunden Schnurdekore. Bindfaden braucht man, um Packpapier um eine vorbereitete Früchtekuchenform zu binden.*

- **Pinzette:** Unverzichtbar, um kleine Krümel von der Glasur zu nehmen oder winzige Dekorteile präzise zu platzieren.
- **Prägestempel/Punzen:** Diese Werkzeuge in Bleistiftgröße benutzt man, um einfache Muster in Glasuren oder Zuckerpaste zu drücken. Ersatzweise kann man auch kleine Reiben, Zestenschneider oder sogar groben Stoff oder Fliegendraht verwenden.
- **Schere:** Sie werden Scheren in verschiedenen Größen benötigen.
- **Schienen und Schaber:** Gerade Metallschienen verwendet man zum Glätten von Oberfläche oder Seiten einer Torte. Es gibt auch Schienen mit einer gezackten Seite, die beim Glätten gleichzeitig eine Struktur in der Glasur hinterlassen. Schaber sind kurz und meist ca. 10 cm breit. Man benutzt sie zum Abstreifen überschüssiger Glasur von den Seiten einer Torte oder von der Tortenplatte.
- **Schwämme:** Plastische Dekore aus gegossener Glasur oder Zuckerpaste müssen bis zum Aushärten oft gestützt werden. Dazu eignen sich kleine Schwammstücke gut – aber nicht vergessen, sie später zu entfernen.
- **Spritzbeutel:** Kleine, waschbare Nylonspritzbeutel sind in verschiedenen Größen erhältlich. Für Zuckerguss in verschiedenen Farben oder sehr feine Spritzlinien sind Papierbeutel praktischer. Am besten im Großpack kaufen oder selbst herstellen (Seite 35).
- **Spritztüllen:** Die Vorsatztüllen für Spritzbeutel gibt es in zahllosen Formen und Größen, für feine Schrift, Sterntupfen und breite Wellen. Schaffen Sie zuerst nur eine Grundausstattung an, Sie können später Tüllen nachkaufen.
- **Stäbchen:** Holzspieße und Zahnstocher sind praktisch zum Formen, Stützen und Modellieren von Rändern.
- **Strangpresse:** Ein Werkzeug mit Scheibeneinsätzen, durch das man Zuckerpaste oder Marzipan zu verschieden geformten Strängen pressen kann.
- **Zuckerpaste und Glasuren:** Zuckerpaste, Blütenpaste, Modellierpaste, Pastillage und viele andere Glasuren sind bei Spezialanbietern als Instantpulver oder Fertigprodukt erhältlich. Für manche Glasuren braucht man spezielle Zutaten wie Glycerin, Glukosesirup (Stärkesirup), Tragantpulver (Akazienharz) oder Gelatine.

Perfekt präsentiert

Erst die Kunst im Detail macht ein wirklich gelungenes Dekor aus. Die Tortenplatte – in optimaler Größe, Form und Farbe – ist die Präsentationsfläche. Man kann sie mit Bändern verzieren oder mit Blütenblättern bestreuen. Auch der Tisch darf geschmückt werden, vielleicht mit Sternen oder mit bunten Dragees. Die Torte selbst könnte hübsch verpackt oder auf Seidenpapier gesetzt werden. Das Angebot an Accessoires ist groß, schließlich verdient eine liebevoll verzierte Torte einen großen Auftritt.

Fotos rechts, von oben:

- *Ausstechformen gibt es in vielen Varianten, manchmal auch als Sets in abgestuften Größen. Interessant sind auch größere Formen für Sonnenblumen oder Lilien. Nach dem Ausstechen kann der Teig noch modelliert werden.*
- *Instantpulver für Glasuren und Pasten gewährleisten die optimale Konsistenz. Die meisten sind weiß, einige sind auch in anderen Farben erhältlich.*
- *Die Liste fertiger Dekorationsprodukte ist schier endlos: Farben, Kerzen, Knallbonbons, dragierte Nüsse, Schokoladenblätter …*
- *Eine Drehscheibe ist eine sehr nützliche Anschaffung.*

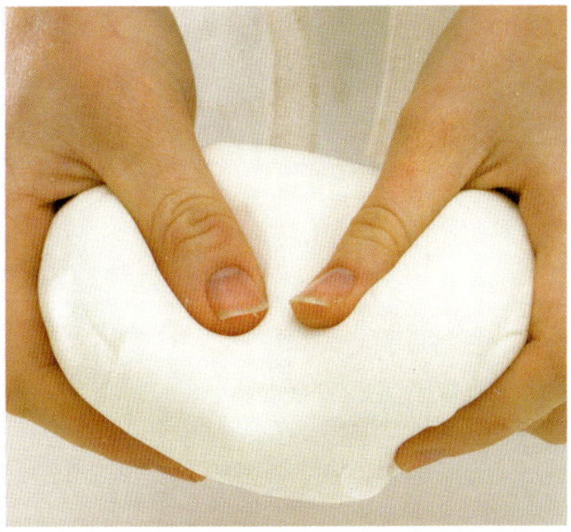

Erfolgsrezepte

Die Grundlage jedes Backerfolgs sind gute Zutaten. Für Biskuit sind absolut frische Eier, die ein intensiv goldgelbes Dotter haben, ideal. Verwenden Sie für zarte Biskuits immer natürliche Vanille, denn synthetische Aromastoffe würde man durchschmecken. Früchtekuchen gelingt am besten mit saftig-fleischigen Trockenfrüchten.

Setzen Sie Küchenhilfen klug ein. Ein Rührgerät kann Zeit und Mühe sparen, Biskuitteig darf aber nicht zu lange gerührt werden, sonst verliert er seine Luftigkeit. Für Früchtekuchen dagegen müssen zuerst Butter und Zucker sehr gründlich verquirlt werden, und das langwierige Rühren von Zuckerpaste kann recht anstrengend für die Handgelenke sein.

Finden Sie heraus, welche Techniken beste Resultate bringen. Ob Sie lieber mit klassischer Eiweißspritzglasur oder leichter zu verarbeitender Zuckerpaste arbeiten, auf den folgenden Seiten finden Sie die wichtigsten Tipps.

Einfacher Biskuit

Für einen guten Biskuit brauchen Sie kein besonderes Talent – nur das richtige Rezept und etwas Zeit. Der Teig eignet sich als Basis für die verschiedensten Torten. Man kann ihn in alle möglichen Formen schneiden und fantasievoll dekorieren. Reste vom Zuschneiden lassen sich übrigens zu wunderbaren Desserts verarbeiten.

Tipps für Biskuit

- Als Garprobe leicht mit den Fingerspitzen auf den Kuchen drücken. Verschwindet der Abdruck schnell wieder, ist der Biskuit gar.
- Hören Sie Ihrem Teig zu. Solange er kräftig knistert, ist er nicht gar.
- Damit Genueser Biskuit ganz leicht wird, das Mehl dreimal sieben, um viel Luft unterzumischen. Die Eier im heißen Wasserbad aufschlagen.
- Vor dem Einfrieren den Biskuit ganz auskühlen lassen. In zwei Lagen Frischhaltefolie, dann in Alufolie wickeln. 1 Stunde antauen lassen, dann in Schichten schneiden, ehe er ganz aufgetaut ist.
- Mit dem Mixer ist ein Biskuitteig in Minuten gerührt, allerdings wird er nicht ganz so leicht und luftig wie die handgerührte Version. Einfach alle Zutaten so kurz wie möglich auf niedrigster Stufe verrühren, dann in die Form geben.

Victoria-Biskuit

Wenn Sie sich die Mengenverhältnisse gut merken, können Sie den Teig jederzeit innerhalb weniger Minuten rühren. Insgesamt brauchen Sie eine Stunde Zeit – mit der Küchenmaschine noch weniger.

Für 4–6 Personen

175 g weiche Butter oder Margarine
175 g Feinstzucker
3 Eier, leicht verquirlt
1–2 TL natürliches Vanillearoma
175 g Mehl, gesiebt
knapp 2 TL Backpulver

1 Den Backofen auf 180 °C vorheizen. Boden und Seiten einer Springform (18 cm Ø) fetten und auslegen (Seite 11). Alternativ zwei flache Formen verwenden.

2 Butter und Zucker in einer Rührschüssel schaumig aufschlagen. Langsam Eier und Vanille unterrühren, dann allmählich Mehl und Backpulver zugeben.

3 Die Zutaten nur kurz vermischen, aber nicht mehr zu stark rühren. Den Teig in die Form füllen (oder auf die beiden flachen Formen verteilen). Mit einem angefeuchteten Messer glatt streichen.

4 20 Minuten auf der mittleren Schiene im Ofen backen. Wird in zwei Formen gebacken, beide auf gleicher Höhe einschieben. Der Kuchen soll goldbraun und gut aufgegangen, aber oben nicht gewölbt sein. Er soll auf Fingerdruck leicht nachgeben. Die Form auf ein feuchtes Geschirrtuch stellen, um das Abkühlen zu beschleunigen. Den lauwarmen Kuchen auf ein Küchengitter stürzen und auskühlen lassen.

Variationen

Mengen für einen Teig mit 3 Eiern:

- **Zitrone/Orange:** Fügen Sie 2 TL Orangenblütenwasser oder die abgeriebene Schale von einer 1/2 Zitrone mit dem Eigelb zu.
- **Schokolade:** Ersetzen Sie 1 EL Mehl durch Kakaopulver und geben 1–2 EL Zucker zusätzlich hinzu.
- **Nüsse:** Ersetzen Sie 25 g Mehl durch die gleiche Menge gemahlener Mandeln oder Haselnüsse.
- **Kaffee:** 2 TL Instantkaffee in 1 TL kochendem Wasser auflösen und mit den Eiern in den Teig rühren.

Victoria-Biskuit für verschiedene Formgrößen (1 hohe oder 2 flache Formen)

16 cm Ø: je 110 g Fett, Feinstzucker und Mehl plus 1 TL Backpulver/2 Eier
18 cm Ø: je 175 g Fett, Feinstzucker und Mehl plus 2 TL Backpulver/3 Eier
22 cm Ø: je 225 g Fett, Feinstzucker und Mehl plus 2 1/2 TL Backpulver/4 Eier

Hinweis

Die Zeitangaben sind nur Richtwerte, denn je nach Ofentyp kann die Backzeit variieren. In einer hohen Form braucht der Teig länger als in zwei flachen.

Genueser Biskuit

Dieser besonders luftige Teig kommt ganz ohne Fett aus. Er schmeckt aber besser und bleibt länger frisch, wenn man etwas zerlassene Butter zugibt. Diesen Teig verwendet man für Biskuitrollen, Kleingebäck und verschiedene Schichttorten. Er ist schnell gebacken und eignet sich für außergewöhnliche Tortenkunstwerke.

1 Den Backofen auf 180 °C vorheizen. Ein kleines Blech (23 cm x 35 cm) oder zwei Springformen (18 cm Ø) fetten und mit Backpapier auslegen.

2 Mehl und Salz mindestens zweimal sieben.

3 Eier und Zucker in einer großen Rührschüssel mit einem elektrischen Handrührgerät in 10 Minuten hell und dick-cremig aufschlagen. Beim Anheben der Rührbesen sollte in der Masse eine Spur sichtbar bleiben.

4 Mit einem großen Spatel das gesiebte Mehl und die Butter vorsichtig unterheben. Das Mehl muss gleichmäßig untergemischt werden, ohne dass die Luft wieder aus dem Teig gerührt wird.

5 Den Teig in die vorbereiteten Formen füllen und in 10–12 Minuten goldbraun backen. Der Teig soll gerade fest, aber noch sehr elastisch sein. 3–5 Minuten in der Form abkühlen lassen, dann auf ein Gitter stürzen.

Für eine Biskuitrolle oder zwei runde Kuchen (18 cm Ø)

100 g Mehl
1 Prise Salz
3 Eier
100 g Feinstzucker
1 EL zerlassene Butter

Biskuitrolle

1 Während der Teig im Ofen gart, ein sauberes Geschirrtuch auf die Arbeitsfläche legen. Mit Pergamentpapier bedecken und reichlich mit Zucker bestreuen. Den frisch gebackenen Teig vorsichtig darauf stürzen und das Backpapier abziehen.

2 Unebene Ränder gerade schneiden. 2 cm von einer Schmalseite entfernt den Teig leicht anritzen, damit er sich besser rollen lässt.

3 Mit einem sauberen Stück Pergamentpapier abdecken. Das Tuch an einer Seite anheben und den Teig samt Papier aufrollen. Vollständig abkühlen lassen.

4 Den Teig vorsichtig ausrollen, die Füllung aufstreichen (nicht zu dick!) und den Teig wieder aufrollen. Mit der Naht nach unten auf eine Kuchenplatte legen und nach Belieben garnieren.

Einfache Dekoration für Biskuittorten

Mit nichts als Puderzucker lassen sich schöne Dekorationen gestalten. Legen Sie ganz einfach eine Papiertortendecke mit einem klaren, offenen Muster auf den Teig, und sieben Sie dann Puderzucker darüber. Alternativ können Sie eine Schablone aus Pergamentpapier oder sauberer Pappe schneiden. Damit das Muster gut erkennbar ist, sparen Sie nicht am Zucker. Sie können ihn auch mit Lebensmittelfarbe in Pulverform einfärben.

Ein Sternmotiv passt nicht nur in die Weihnachtszeit. Die Vorlage finden Sie auf Seite 96. Bei kleinen Kuchen dekorieren Sie nur den mittleren Teil.

1 Zuerst Puderzucker auf den Kuchen sieben. Dann die Schablonen auflegen und Kakao darüber sieben.

2 Den mittleren Stern mit einer Pinzette oder einem Palettenmesser abheben, dabei das Muster nicht verwischen.

3 Äußere Schablone abnehmen, dann den Kuchen auf eine Platte geben.

Tipp für Madeira-Kuchen

- Als Garprobe bei Madeira-Kuchen, hohem Biskuit und leichtem Früchtekuchen ein Holzstäbchen in die Mitte stechen. Klebt beim Herausziehen kein Teig daran, ist der Kuchen gar.

Variationen

Mengenangaben für eine runde (18 cm Ø) oder quadratische Form (15 cm x 15 cm)

- **Zitrone oder Orange:** Abgeriebene Schale von 1 Orange oder Zitrone oder 1 EL Orangenblütenwasser zugeben.
- **Nüsse:** Ein Viertel des Mehls durch das gleiche Gewicht fein gemahlener Nüsse ersetzen.
- **Samen:** 2 EL Mohn-, Sesam- oder andere Samen zugeben.
- **Maismehl oder Grieß:** Maximal die Hälfte des Mehls durch Maismehl oder Grieß ersetzen.

Madeira-Kuchen

Dieses Rezept geht auf den amerikanischen Pfundskuchen zurück, für den man von jeder Zutat ein Pfund nahm. Er ist unter verschiedenen Namen (z. B. Becherkuchen) in aller Welt bekannt und bleibt länger saftig als der lockere Victoria-Biskuit. Er eignet sich gut für Schichttorten und Hochzeitstorten ohne Früchte und lässt sich sehr gut einfrieren. Man kann ihn auch in einer Kastenform backen und einfach mit einem Zitronenzuckerguss glasieren.

Für eine runde Form (18 cm Ø), eine quadratische (15 cm x 15 cm) oder eine Kastenform (1 kg)

200 g weiche Butter oder Margarine
200 g Feinstzucker
3 große Eier
225 g Mehl, gesiebt
1 1/2 TL Backpulver
Salz
1 1/2 TL Vanillearoma (nach Belieben)

1 Eine Form (18 cm Ø, 15 cm x 15 cm oder 1-kg-Kastenform) fetten und mit Backpapier auslegen. Den Backofen auf 180 °C vorheizen. Butter oder Margarine und Zucker cremig aufschlagen. Die Eier zufügen und glatt rühren.

2 Mehl, Backpulver und Salz mit einem großen Metalllöffel unterheben. Vanille nach Geschmack zufügen. Den Teig in die vorbereitete Form füllen, glatt streichen und 1¼ Stunden backen, bis an einem eingestochenen Stäbchen kein Teig mehr haftet.

3 Aus dem Ofen nehmen und 15–20 Minuten in der Form abkühlen lassen. Dann auf ein Kuchengitter stürzen und auskühlen lassen.

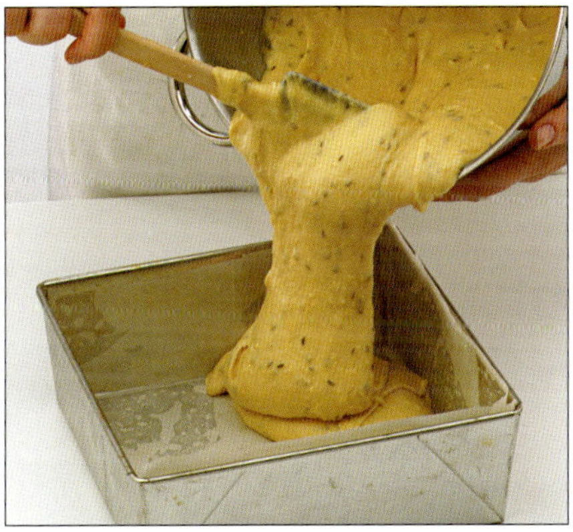

Madeira- und Biskuitteig aufschneiden
Vor dem Aufschneiden in Schichten den Teig ganz auskühlen lassen. Madeira-Kuchen braucht einige Stunden, damit glatte Schnitte gelingen. Auf eine flache (möglichst drehbare) Platte legen und mit Pergamentpapier abdecken, um Fingerabdrücke zu vermeiden. Mit einem Messer ein Stück einschneiden, dann den Kuchen um 90° drehen, ohne das Messer zu bewegen, und weiter schneiden. Wieder drehen und schneiden, bis der Kuchen durchgetrennt ist.

Zitronenglasur

Diese Variation ergibt einen schnellen Kuchen für Zwischendurch, der reißenden Absatz finden wird. Eine üppige Füllung ist nicht nötig, und der Guss wird einfach mit dem Löffel aufgetropft. Den Madeira-Kuchen am besten in einer Kastenform backen und in Scheiben geschnitten servieren.

4 EL Zitronensaft
1 EL heller Sirup
2 EL Gelierzucker

Den warmen Madeira-Kuchen noch in der Form mehrmals tief mit einem Holzstäbchen anstechen. Zitronensaft und Sirup erwärmen. Den Zucker zugeben und die Mischung sofort mit einem Löffel auf den Kuchen träufeln. Der Sirup dringt in den Teig ein, und ein Teil des Zuckers verkrustet auf der Oberfläche.

Tipp für Madeira-Kuchen
• Backen Sie die doppelte Menge, denn Madeira-Kuchen lässt sich gut einfrieren. Backen Sie eine Portion in einer eckigen Form, und frieren Sie ihn scheibenweise ein, die dann auch für Petits Fours (Seite 56) oder schnelle Desserts verwendet werden können.
• Zerkrümelte Reste von Madeira-Kuchen eignen sich auch als Belag für Obstgratins.

Madeira-Kuchen für verschiedene Formgrößen

Form	*Butter*	*Feinstzucker*	*Eier*	*Backpulver*	*Mehl*
rund (18 cm Ø) oder 15 cm x 15 cm	200 g	200 g	3	1½ TL	225 g
rund (20 cm Ø) oder 18 cm x 18 cm	250 g	250 g	4	2 TL	350 g
rund (24 cm Ø) oder 20 cm x 20 cm	350 g	350 g	6	2½ TL	450 g
rund (26 cm Ø) oder 23 cm x 23 cm	400 g	400 g	7	3 TL	500 g
rund (30 cm Ø) oder 25 cm x 25 cm	500 g	500 g	10	4 TL	675 g

Früchtekuchen

Ein guter Früchtekuchen ist eine Delikatesse, die bei keinem festlichen Anlass fehlen sollte. Backen Sie doch kleine Kuchen, die Sie zum Geburtstag oder als Dankeschön an liebe Freunde verschenken.

Dunkler Früchtekuchen

Für dieses Rezept werden dunkle Zutaten verwendet: brauner Zucker, dunkler Sirup und dunkle Früchte. Wer hinsichtlich Farbe ganz sicher gehen möchte, gibt noch etwas Zuckerkulör dazu. Der Teig wird zuerst mit Cognac getränkt und dann glasiert. Gut verpackt, hält er sich an einem kühlen, trockenen Platz mehrere Monate.

Ergibt einen eckigen (20 cm x 20 cm) oder einen runden Kuchen (24 cm Ø)

900 g gemischte Trockenfrüchte
110 g Orangeat und Zitronat, gehackt
110 g kandierte Kirschen, gehackt
110 g entsteinte Trockenpflaumen, gehackt
2–3 EL Sherry, Cognac oder Rum
abgeriebene Schale von 1 Orange
abgeriebene Schale von 1 Zitrone
350 g Mehl, gesiebt
1 TL Zimt
1 TL Lebkuchengewürzmischung
1 TL Salz
5 Eier
275 g weiche Butter oder Margarine
275 g dunkelbrauner Zucker
1 EL Sirup
Cognac, zum Tränken

1 Eine Form (20 cm x 20 cm oder 24 cm Ø) vorbereiten (Seite 11). Den Backofen auf 160 °C vorheizen. Trockenfrüchte, Orangeat und Zitronat, Kirschen und Trockenpflaumen mit Alkohol, Orangen- und Zitronenschale vermischen. 1–2 Stunden ziehen lassen, damit die Früchte den Alkohol aufsaugen.

2 Mehl, Zimt, Lebkuchengewürz und Salz zusammen sieben. Die Eier leicht verquirlen.

3 Butter oder Margarine, Zucker und Sirup cremig aufschlagen. Abwechselnd Eier und Mehlmischung zugeben und jeweils glatt rühren.

4 Trockenfrüchte mit der Einweichflüssigkeit sorgfältig unterrühren. Den Teig in die vorbereitete Form geben und auf mittlerer Schiene $1^1/_2$ Stunden backen.

5 Die Temperatur auf 150 °C reduzieren und weitere 2 Stunden backen. Wenn der Kuchen in der ersten Stunde zu schnell bräunt, die Temperatur schon früher senken.

6 Zur Garprobe ein Holzstäbchen in die Mitte stechen. Den Kuchen in der Form auskühlen lassen.

7 Den abgekühlten Kuchen aus der Form nehmen. Sorgfältig in zwei Lagen Pergamentpapier, dann in Alufolie wickeln und an einen kühlen Platz legen.

8 Den Kuchen auswickeln, viele Male mit einem dünnen Metallstäbchen anstechen und mit einem Löffel etwas Cognac auf die Oberfläche träufeln.

Einen Kuchen mit Alkohol tränken

• Um den Kuchen während der Lagerung mit Cognac, Whisky oder Rum zu tränken, wickeln Sie ihn aus und stechen die Oberfläche mehrmals mit einem dünnen Metallstäbchen ein. 2–3 EL Alkohol darauf träufeln, gut einziehen lassen und wieder einpacken. 2–3-mal im Abstand von einer Woche wiederholen.

Heller Früchtekuchen

Dieser helle Früchtekuchen kann noch Wochen nach dem Backen dekoriert werden. Helle Früchte wie Ananas, Aprikosen, Ingwer und Sultaninen werden in Fruchtsaft und Rum mariniert. Der Kuchen ist wunderbar saftig, aber leichter und fruchtiger als die traditionelle, dunkle Variante. Welcher ist Ihr Favorit?

Ergibt einen eckigen (18 cm x 18 cm) oder einen runden Kuchen (20 cm Ø)

250 g Mischung aus kandierten Kirschen und Ananas, essfertigen Aprikosen, Orangeat und Zitronat und/oder kandiertem Ingwer
200 g Sultaninen
200 g Rosinen
abgeriebene Schale und Saft von 1 kleinen Orange
abgeriebene Schale von 1 kleinen Zitrone
2–3 EL Sherry, Cognac oder Rum
250 g weiche Butter oder Margarine
250 g Feinstzucker
4 Eier
300 g Mehl, gesiebt
2 TL Lebkuchengewürzmischung
1 1/2 TL Backpulver

1 In einer großen Schüssel alle Früchte, Schale, Saft und Alkohol vermischen. Abgedeckt an einem kühlen Platz über Nacht ziehen lassen.

2 Eine Form (18 cm x 18 cm oder 20 cm Ø) vorbereiten (Seite 11). Den Backofen auf 160 °C vorheizen. Butter oder Margarine und Zucker in einer großen Schüssel schaumig rühren.

3 Die Eier verquirlen, abwechselnd mit der Mischung aus Mehl, Lebkuchengewürz und Backpulver zugeben und jeweils gut verrühren.

4 Die Früchte samt Einweichflüssigkeit gut unterrühren. Den weichen Teig in die vorbereitete Form füllen.

5 Den Teig glatt streichen und 1 1/2 Stunden backen. Dann die Temperatur auf 150 °C reduzieren und noch 1 Stunde backen. Die Garprobe machen. Den Kuchen in der Form abkühlen lassen.

6 Aus der Form nehmen, in zwei Lagen Pergamentpapier und dann in Alufolie wickeln und bis zum Dekorieren in einer luftdicht schließenden Dose aufbewahren.

Garprobe für Früchtekuchen

- Der Kuchen sollte sich leicht von der Formwand lösen, die Oberfläche sollte sich fest anfühlen.
- Ein Metallstäbchen in die Mitte stechen. Hängt beim Herausziehen noch Teig daran, muss der Kuchen länger backen.
- Früchtekuchen „summt" leicht, solange er noch nicht gar ist.

Frucht-Nuss-Belag

Wer es eilig hat, belegt den Kuchen mit kandierten Früchten und ganzen Nüssen und bestreicht alles mit hellem Sirup oder Honig.

Früchtekuchen für verschiedene Formgrößen

Zutaten	**16 cm Ø** **13 cm x 13 cm**	**20 cm Ø** **18 cm x 18 cm**	**26 cm Ø** **23 cm x 23 cm**	**30 cm Ø** **28 cm x 28 cm**

Dunkler Früchtekuchen

gemischte Trockenfrüchte	450 g	850 g	1,5 kg	2,25 kg
kandierte Kirschen	75 g	110 g	175 g	350 g
Mandelblättchen oder geh. Nüsse	50 g	75 g	150 g	225 g
abgeriebene Schale von:	½ Zitrone und ½ Orange	1 Zitrone und 1 Orange	1 Zitrone und 1½ kleine Orangen	1½ Zitronen und 1½ Orangen
Orangensaft	2 EL	3 EL	4 EL	6 EL
Sherry, Cognac oder Rum	2 EL	3 EL	4 EL	6 EL
Mehl	150 g	250 g	450 g	675 g
Zimt	½ TL	1 TL	1½ TL	2 TL
Lebkuchengewürz	1 TL	1½ TL	2 TL	2½ TL
Salz	½ TL	1 TL	1½ TL	2 TL
Eier	3	4	6	9
Butter oder Margarine	140 g	200 g	400 g	625 g
dunkelbrauner Zucker	140 g	200 g	400 g	625 g
Sirup	½ EL	1 EL	1½ EL	2 EL
Backzeit	**1½–2 Stunden**	**3–3¼ Stunden**	**4 Stunden**	**5–5¼ Stunden**

Heller Früchtekuchen

gemischte kandierte Früchte: Ananas, Kirschen, Aprikosen, Mango, Ingwer, Zitronat, Orangeat	110 g	250 g	450 g	600 g
Sultaninen/Korinthen, gemischt	250 g	400 g	1 kg	1,5 kg
abgeriebene Schale und Saft von:	½ Orange	1 Orange	1½ Orange	2 Orangen
Sherry, Cognac oder Likör	2 EL	3 EL	5 EL	7–8 EL
Butter oder Margarine	150 g	250 g	575 g	800 g
heller Roh-Rohrzucker	150 g	250 g	575 g	800 g
Eier	2	4	6	10
Mehl	175 g	300 g	575 g	900 g
Salz	½ TL	1 TL	1½ TL	2 TL
Lebkuchengewürz	1 TL	2 TL	4 TL	6 TL
Backpulver	1 TL	2 TL	3½ TL	5 TL
Backzeit	**2 Stunden**	**2½–3 Stunden**	**3¾–4 Stunden**	**5 Stunden**

Güsse und Glasuren

Mit Güssen, Glasuren und Füllungen kann man einen einfachen Kuchen in eine Sonntags- oder Festtagsköstlichkeit verwandeln, die lange frisch und saftig bleibt. Einige der Rezepte halten sich 3–4 Tage oder länger: Ein echter Vorteil für Festtagstorten, die man so in aller Ruhe im Voraus zubereiten kann.

Butterglasur

Diese gehaltvolle Glasur kann man vielfältig aromatisieren oder einfärben. Sie ist leicht herzustellen und lässt sich gut verarbeiten, weil sie gut deckt und Unebenheiten im Teig glättet. Ein simpler Kuchen wird zu einer feinen Torte, wenn man ihn rundum mit Butterglasur bestreicht und ein Muster auf die Oberfläche spritzt.

Zum Füllen und Bestreichen von zwei Biskuitböden (20 cm Ø)

110 g weiche Butter
250 g Puderzucker, gesiebt
2 TL Zitronensaft
oder einige Tropfen Vanillearoma

Variationen

- 1 EL Kakaopulver mit 1 EL heißem Wasser anrühren und zufügen.
- 2 TL Instantkaffee mit 1 TL kochendem Wasser anrühren und zufügen.
- 2 TL abgeriebene Schale von Zitrone, Orange oder Limette zufügen.

1 Die Butter in einer Schüssel schaumig aufschlagen. Langsam Puderzucker und Zitronensaft oder Vanille unterrühren. Unter ständigem Rühren 1 EL heißes (aber nicht mehr kochendes) Wasser einarbeiten, bis die Creme weiche Spitzen zeigt.

2 Weitere Aromazutaten zufügen, eventuell mehr Puderzucker zugeben, damit die Konsistenz erhalten bleibt. Sofort verarbeiten oder abgedeckt kalt stellen und 1 Stunde vor der Verarbeitung aus dem Kühlschrank nehmen.

Einfache Verzierungen mit Butterglasur

Butterglasur hat die richtige Konsistenz, wenn sie sich leicht verstreichen lässt, aber nicht verläuft. Es reicht schon, sie in weichen Bögen auf Oberfläche und Seiten des Kuchens zu streichen. Mit einer Gabel, einem Palettenmesser oder anderen Hilfsmitteln können Muster gestaltet werden.

1 Den ganzen Kuchen mit der Glasur bestreichen. Mit einer Schiene oder einem Schaber die Oberfläche glätten oder mit der gezahnten Seite ein Riffelmuster ziehen.

2 Werden keine Dekorationen auf die Torte gelegt, ziehen Sie eine grobzinkige Gabel kreuz und quer oder in Wellenlinien durch die Glasur, um Muster zu erhalten.

3 Die Seiten können mit einem Palettenmesser verziert werden. Die trockene, saubere Klinge senkrecht in die Glasur drücken, nach oben ziehen und vorsichtig (nicht zu ruckartig) abnehmen.

Butterschaumglasur

Zum Bestreichen von Oberfläche und Seiten von zwei Biskuitböden (20 cm Ø)

75 g Zucker
4 1/2 EL Wasser
3 Eiweiß
175 g weiche Butter
einige Tropfen Vanillearoma

Variationen

- Für eine üppige Schokoladenglasur 75 g hochwertige dunkle Schokolade schmelzen und leicht abkühlen lassen. Nach der Butter in die Glasur rühren. Dann die Glasur zügig verarbeiten, weil sie beim Abkühlen recht fest wird.
- Die Aromazutaten für Butterglasur (Seite 23) eignen sich auch für dieses Rezept.

Diese üppige, glänzende Variante der Butterglasur hat einen feineren, leichteren Geschmack und eignet sich für aufwändige Festtagstorten. Sie hält sich gut in einer abgedeckten Schüssel im Kühlschrank, aber auch auf der Torte.

1 In einem kleinen Topf den Zucker im Wasser auflösen, dann aufkochen und den Zuckersirup auf 115 °C erhitzen.

2 Das Eiweiß in einer großen, hitzebeständigen Schüssel zu weichem Schnee schlagen. Über einen Topf mit leicht kochendem Wasser hängen und den Zuckersirup unterrühren. Weiterrühren, bis die Masse glänzt und eindickt.

3 Die Butter cremig rühren. Mit einem elektrischen Handrührgerät die Butter unter die Eiweißmasse rühren, bis eine feste, glänzende Creme entsteht. Mit Vanille aromatisieren. Mit Frischhaltefolie abdecken und vor dem Weiterverarbeiten abkühlen lassen.

Muffins glasieren

Die Muffins auf ein Kuchengitter setzen. Pergamentpapier unterlegen, um herabtropfende Glasur aufzufangen. Mit einem Teelöffel etwas Guss in die Mitte jedes Kuchens geben, einen Moment warten, dann das Kuchengitter ganz leicht rütteln, damit der Guss glatt verläuft.

Zuckerguss

Keine Glasur ist schneller und einfacher zubereitet als der gute alte Zuckerguss. Man kann ihn einfärben und aromatisieren, verstreichen, träufeln und verziehen – aber nicht gut spritzen. Selbst Kinder können Zuckerguss anrühren. Allerdings muss die Konsistenz richtig sein, sonst verläuft er zu schnell oder gar nicht.

Für 12 Muffins

110 g Puderzucker
1–2 EL Wasser

1 Den Puderzucker in eine kleine Schüssel sieben. 1 EL Wasser zugeben und glatt rühren. Kräftig durchrühren, um alle Klümpchen aufzulösen. Ist der Guss zu fest, tropfenweise mehr Wasser unterrühren.

2 Aroma- und Farbstoffe zugeben und sofort verarbeiten. Andernfalls sofort dicht mit Frischhaltefolie abdecken, sonst bildet sich eine Kruste auf der Oberfläche, die sich durch Rühren kaum auflösen lässt.

Federmuster

Eine kleine Menge Glasur in einer Kontrastfarbe anrühren, z. B. mit geschmolzener Schokolade oder erhitztem Fruchtgelee. Etwas von der Glasur in einen kleinen Papierspritzbeutel ohne Tülle füllen. Die Spitze abschneiden und Streifen oder Kreise auf feuchten, weißen Zuckerguss spritzen. Einen Zahnstocher durch beide Glasuren ziehen, sodass ein Feder- oder Bogenmuster entsteht.

Amerikanische Glasur

Diese Glasur mit den schönen, weichen Spitzen, der cremigen Konsistenz und der feinen Kruste wird für verschiedene traditionelle Kuchen der USA verwendet, etwa Karottenkuchen und Angel Cake. Die Zubereitung dauert nur 8–10 Minuten, man sollte die Glasur aber vor der Verarbeitung kalt rühren. Sie hält sich auf dem Kuchen einige Tage, sofern er nicht angeschnitten ist.

Für Oberfläche und Seiten eines runden Kuchens (23 cm Ø)

150 g Feinstzucker
1 EL Wasser
1 EL heller Sirup
1 großes Eiweiß

1 Alle Zutaten in einer großen, sauberen, hitzebeständigen Schüssel verrühren. Im heißen Wasserbad leicht verquirlen, bis der Zucker aufgelöst ist.

2 Einige Minuten kräftig rühren, bis die Masse feste Spitzen bildet. Vom Herd nehmen und weiterrühren, bis die Masse kalt ist.

3 Oberfläche und Seiten des Kuchens großzügig mit der Glasur bestreichen.

4 Mit einem Löffel dekorative Wellen und Dellen in die Glasur drücken, dann abkühlen lassen. Dabei wird die Oberfläche der Glasur leicht knusprig.

Italienische Baiserglasur

Diese Glasur wird gern verwendet, weil sie sehr stabil ist. Das Eiweiß wird nicht mit Zucker aufgeschlagen, sondern mit Sirup. Wie die Amerikanische Glasur bildet sich an der Oberfläche eine Kruste, darunter bleibt die Glasur aber weich.

Für Oberfläche und Seiten eines Kuchens mit 23 cm Ø

175 g Feinstzucker
6 EL Wasser
2 Eiweiß

1 In einem kleinen Topf den Zucker im Wasser auflösen, dann zu klarem Sirup einkochen.

2 Das Eiweiß in einer großen hitzebeständigen Schüssel im heißen Wasserbad steif schlagen.

3 Unter ständigem Rühren den Sirup in dünnem Strahl zugießen. Weiterrühren, bis die Masse sehr fest ist und glänzt. Vom Herd nehmen und rühren, bis die Glasur kalt ist.

4 Sofort verarbeiten oder mit Frischhaltefolie dicht abdecken und kühl (aber nicht im Kühlschrank) 2–3 Tage aufbewahren.

Tipps für Marzipan

- Marzipan kühl lagern und nicht zu viel kneten, sonst wird es schmierig.
- Auf etwas gesiebtem Puderzucker ausrollen, damit es nicht anklebt. Mehl oder Speisestärke sind ungeeignet, weil sie während der Lagerung fermentieren.
- Selbst gemachtes Marzipan hält sich im Kühlschrank 2–3 Monate und im Gefrierschrank bis zu einem Jahr.
- Marzipanreste kann man raspeln und auf Streuselbeläge geben oder zum Anreichern von Kuchen und Desserts verwenden.
- Simnel Cake ist eine englische Spezialität, in die vor dem Backen eine Marzipanschicht eingelegt wird.
- Damit sich ein Früchtekuchen gut hält, sollte er plan auf der Tortenplatte aufliegen und die Marzipandecke sollte ihn luftdicht umschließen.

Gesundheit

Wer Kuchen verschenken oder zu öffentlichen Veranstaltungen mitnehmen möchte, sollte für Marzipan und Eiweißspritzglasur statt frischer, roher Eier Trockeneiprodukte verwenden. Sie sind mit Hitze behandelt und bergen keine Gesundheitsrisiken. Alternativ kaufen Sie fertiges Rohmarzipan oder Instant-Glasur. Aprikosenglasur hält sich zuverlässig, wenn sie vor der Verarbeitung aufgekocht wird.

Marzipan

Marzipan ist eine geschmeidige Masse aus gemahlenen Mandeln, Puderzucker, Ei und Zitronensaft. Madeira-Kuchen und Früchtekuchen hüllt man vor dem Glasieren in Marzipan, um die Haltbarkeit zu verlängern und zu verhindern, dass die Früchte im Teig die Glasur verfärben. Man kann es aber auch weglassen.

Gekauftes Marzipan ist ungefärbt und farbig erhältlich. Selbst gemachtes Marzipan ist normalerweise heller. Man kann es gut einfärben und in verschiedene Formen modellieren. Dekorformen und Marzipandecken sollten 10–12 Stunden antrocknen, damit sie fest werden.

Marzipan

Ergibt knapp 500 g
Für Oberfläche und Seiten eines Kuchens (20 cm Ø oder 18 cm x 18 cm)

225 g gemahlene, geschälte Mandeln
110 g Feinstzucker
110 g Puderzucker, gesiebt, plus etwas mehr zum Bestreuen
1 Ei, leicht verquirlt
1 EL Zitronensaft

1 Mandeln und beide Zuckerarten in einer Schüssel verrühren. Mit Ei und Zitronensaft zu einer festen Masse vermengen.

2 Puderzucker auf die Arbeitsfläche streuen und die Masse darauf einige Minuten glatt kneten.

3 Bis zur Verarbeitung fest in Frischhaltefolie wickeln oder in einem Gefrierbeutel verpacken.

Aprikosenglasur

Aprikosenglasur dient als Fixierung für die Marzipandecke. 5–6 EL Aprikosenmarmelade in einem kleinen Topf mit 2 EL Wasser erwärmen, unter ständigem Rühren aufkochen und durch ein Sieb streichen, um Fruchtstückchen zu zerdrücken. Etwas abkühlen lassen.

Eine Marzipandecke auflegen

Auf runde Kuchen, die mit Zuckerpaste überzogen werden sollen, legt man die Marzipandecke am besten in einem Stück auf. Alternativ kann man Oberfläche und Seiten separat bedecken und erhält eine schärfere Kante – perfekt für eine Eiweißspritzglasur.

Falls nötig, die Wölbung des Kuchens glatt schneiden. Die Fläche mit etwas Aprikosenglasur bestreichen, dann den Kuchen auf eine Platte stürzen. Größere Löcher im Kuchen mit Marzipanstücken ausfüllen und glatt streichen. Den ganzen Kuchen mit Aprikosenglasur bestreichen.

In einem Stück

1 Den Durchmesser des Kuchens ausmessen. Die zweifache Höhe und mindestens weitere 2 cm zugeben. Das Marzipan auf der leicht gezuckerten Arbeitsfläche zu einem Kreis mit dem ermittelten Durchmesser ausrollen.

2 Den Marzipankreis locker um die Backrolle wickeln, anheben und über dem Kuchen wieder abrollen.

3 Die Marzipandecke an die Seiten des Kuchens andrücken und entlang der Rundung glatt streichen. Überstehendes Marzipan entlang der Platte mit einem scharfen Messer abschneiden, dann die Unterkante mit einem Palettenmesser begradigen.

In zwei Schritten

1 Die Hälfte des Marzipans ausrollen und einen Kreis oder ein Quadrat in der Größe der Kuchenoberfläche zuschneiden. Auf den Kuchen legen, exakt an den Rändern ausrichten und leicht andrücken.

2 Das restliche Marzipan ausrollen und vier Stücke für die Seiten nach Maß zuschneiden. Die Stücke einzeln ansetzen, den Überstand an den Ecken sorgfältig abschneiden. Jede Seite erst direkt vor dem Ansetzen der Marzipanplatte mit Aprikosenglasur bestreichen, damit Sie den Kuchen an den anderen Seiten bei der Arbeit festhalten können.

3 Für einen runden Kuchen einen langen Streifen in der Breite der Kuchenhöhe (einschließlich der Dicke der Marzipandecke) zuschneiden und vorsichtig locker aufrollen.

4 Die Marzipanrolle seitlich an den Kuchen setzen und unter langsamem Drehen der Tortenplatte abrollen und sanft andrücken. Dann die Naht nachschneiden, zusammendrücken und glätten.

Eiweißspritzglasur

Feine, förmliche Festtagstorten sind fast immer mit Eiweißspritzglasur überzogen. Die elegante, schneeweiße Glasur kann schlicht oder sehr aufwändig verziert werden. Vor rund hundert Jahren übertrafen sich die Konditoren in der Spritzbeutelkunst, heute stehen sehr schlichte, fast minimalistische Torten hoch im Kurs.

Sie können Eiweißspritzglasur aus rohen Zutaten selbst herstellen oder ein Instantpulver verwenden. Je nach Verwendungszweck enthalten diese Pulver exakt das richtige Mischungsverhältnis der Zutaten. Eine Überzugsglasur muss weich genug zum Schneiden sein, darum enthält sie Glycerin. Lose Dekorationen sollen hart und trocken werden – sie enthalten mehr Eiweiß, aber kein Glycerin.

Eiweißspritzglasur

Für Oberfläche und Seiten eines Kuchens (20 cm Ø oder 18 cm x 18 cm)

2 Eiweiß oder 40 g Eiweißpulver
1 EL Zitronensaft
2 TL Glycerin (nur für Überzugsglasur)
450 g Puderzucker, zweimal gesiebt

1 Eiweiß, Zitronensaft und Glycerin (falls verwendet) in einer großen Schüssel leicht verquirlen. Eiweißpulver gemäß Packungsanweisung verarbeiten. Nach und nach den gesiebten Puderzucker unterrühren.

2 Rühren, bis die Masse fest wird und glänzt. Für einen glatten Überzug sollte die Glasur weiche Spitzen bilden. Hebt man den Löffel aus der Schüssel, bleibt eine leicht gebogene Spitze stehen.

3 Die Schüssel mit der Glasur mit einem sauberen, feuchten Geschirrtuch oder Frischhaltefolie abdecken und vor der Verarbeitung 1 Stunde ruhen lassen, damit Luftblasen entweichen.

Einen runden Kuchen glatt glasieren

Am besten gelingt eine glatte Glasur, indem man 2–3 Schichten aufträgt und jede gut trocknen lässt. Oberfläche und Seiten werden separat bestrichen. Die Glasur trocknet schneller an einem luftigen, trockenen Platz, am besten unter eine Lampe. Vor jedem Arbeitsschritt werden kleine Unebenheiten der vorhandenen Glasur mit einem kleinen scharfen Messer abgeschabt, Dellen werden mit weicher Glasur ausgefüllt.

1 Zum Überziehen der Oberfläche 2–3 Esslöffel Glasur in die Mitte geben, ein Palettenmesser flach ansetzen und damit die Glasur gleichmäßig auf der Fläche verstreichen.

2 Ein sauberes Lineal oder eine Konditorschiene fest im Winkel von 45° ansetzen und gleichmäßig über die Fläche ziehen. Nicht anhalten, sonst entsteht eine Rille. Falls nötig, nochmals glatt ziehen. Bedenken Sie aber, dass die folgende Schicht kleine Unebenheiten ausgleicht. Zum Aushärten beiseite stellen.

3 An den Seiten die Glasur gleichmäßig mit einem Palettenmesser verstreichen, dabei das Marzipan komplett abdecken.

4 Einen Metallschaber auf der Ihnen abgewandten Seite der Torte senkrecht im Winkel von 45° ansetzen. Rechtshänder halten den Schaber in der rechten Hand. Mit der linken Hand die Drehscheibe fassen und in einer gleichmäßigen Bewegung drehen. Wenn sich die Hände begegnen, die linke vorsichtig aus dem Weg heben und den Schaber zum Körper hin ziehen. Der Vorgang kann wiederholt werden, wenn die Glasur sehr uneben ist. Kleine Unregelmäßigkeiten werden mit der nächsten Schicht ausgeglichen. Zum Aushärten beiseite stellen.

5 Wenn die Glasur fest ist, Unebenheiten vorsichtig abschaben und glätten. Dann nochmals Oberfläche und Seiten nacheinander glasieren.

6 Wenn Ihnen die Glasur zusagt, wird auch die Tortenplatte glasiert. Dazu eine dünne Schicht Glasur mit dem Palettenmesser auftragen und mit dem Schaber glatt ziehen. Zum Körper hin von der Platte ziehen, damit kein Absatz entsteht.

Tipps für Eiweißspritzglasur

- Eiweißspritzglasur kann man in der Küchenmaschine rühren.
- Eiweißspritzglasur sollte vor der Verarbeitung mindestens eine Stunde ruhen, damit Luftblasen entweichen können.
- Die Glasur stets mit Frischhaltefolie oder einem feuchten Geschirrtuch abdecken, damit sie nicht vorzeitig antrocknet.
- Ideal ist eine drehbare Tortenplatte, die das gleichmäßige Überziehen erleichtert und eine angenehme Arbeitshöhe bietet.
- Jede Glasurschicht muss völlig trocken sein, ehe die nächste aufgetragen wird.

Einen eckigen Kuchen glatt glasieren

1 Die Oberfläche wie beim runden Kuchen überziehen.

2 Die Seiten dünn mit Glasur bestreichen, dann jede einzeln mit schräg angesetztem Schaber in einem Zug glätten. An der Ecke den Schaber zum Körper hin ziehen und an der gleichen Ecke für die nächste Seite neu ansetzen. Zum Trocknen beiseite stellen. Die folgende Schicht ebenso auftragen.

Zuckerpaste

Zuckerpaste ist auch unter der Bezeichnung Fondant bekannt. Die Verarbeitung ist einfach und macht Spaß, weil man Fehler gut korrigieren kann. Mit Zuckerpaste erhält man mit wenig Mühe einen professionellen Überzug, der zudem den Kuchen länger frisch hält als beispielsweise eine Butterglasur. In Fachgeschäften für Konditoreibedarf sind verschiedene Sorten dieser vielseitigen Glasur erhältlich.

Tortendekoration ist etwas für Kreative. Spezielle Zuckerpaste für aufwändigere Elemente wie Schilder, Spitzen oder filigrane Dekore kann man mit einem Handrührgerät selbst herstellen oder als Pulver zum Anrühren im Fachhandel kaufen. Die festeren Pasten verwendet man zum Modellieren von Figuren und Blüten, die nicht zum Aufessen gedacht sind. Sie enthalten zwar nur essbare Zutaten, werden aber extrem hart. Dekorationen aus diesen Pasten halten sich in einer luftdicht schließenden Dose an einem dunklen, kühlen Platz fast unbegrenzt.

Modellierpaste ist fester als Standardzuckerpaste, aber noch elastisch genug, um Figuren, Tiere und größere Formen daraus zu modellieren. Für die nötige Standfestigkeit sorgt Tragantpulver.

Blütenpaste Auch diese Paste enthält Tragantpulver sowie etwas Pflanzenfett. Man kann sie sehr dünn ausrollen und zu zarten Blüten, Blättern und anderen Dekoelementen verarbeiten.

Pastillage wird nach dem Trocknen steinhart. Sie eignet sich für filigrane, aufragende oder bogenförmige Dekore.

Tipps für Zuckerpaste

- Zuckerpaste, die nicht verarbeitet wird, immer einpacken, sonst bildet sich eine Kruste, die Klümpchen verursachen kann. Wenn sie doch einmal antrocknet, harte Ränder abschneiden und die Masse in einem Gefrierbeutel weich kneten.
- Legen Sie einen sauberen Backpinsel bereit – zum „Wegfegen" von Krümeln, die die Glasur verderben könnten.
- Die Paste darf bei der Verarbeitung nicht zu warm werden, sonst lässt sie sich schlecht ausrollen und formen.
- Arbeitsfläche und Backrolle immer mit Puderzucker bestäuben, weil Krümel die Glasur verderben. Für sehr feine Dekore aus Blütenpaste oder Pastillage kann auch Speisestärke verwendet werden.
- Der fertige Überzug kann mit einem Plastikteigschaber oder einem Rest Zuckerpaste, der in Frischhaltefolie gewickelt und mit etwas Puderzucker bestäubt ist, vorsichtig geglättet werden.

Zuckerpaste

1 Eiweiß oder 20 g Eiweißpulver
2 EL Glukosesirup, lauwarm
450 g Puderzucker, gesiebt, plus etwas mehr zum Ausrollen

Für Oberfläche und Seiten eines Kuchens (20 cm Ø oder 18 cm x 18 cm)

1 Das Eiweiß in eine Rührschüssel geben. Alternativ Eiweißpulver gemäß Herstelleranweisung vorbereiten. Den Glukosesirup leicht unterrühren. Langsam den Puderzucker mit einem Holzlöffel einrühren, bis die Masse pastös wird.

2 Die Paste mit den Fingerspitzen zu einer Kugel kneten. Auf einer trockenen, sauberen Arbeitsfläche glatt kneten. Wenn die Masse zu klebrig ist, die Arbeitsfläche mit Puderzucker bestäuben und Puderzucker unterkneten.

3 Wenn die Paste nicht sofort verarbeitet wird, muss sie fest in Frischhaltefolie gewickelt und im Kühlschrank oder an einem kühlen Platz gelagert werden.

Einen runden Kuchen mit Zuckerpaste überziehen

Biskuit- und Früchtekuchen kann man mit Zuckerpaste überziehen, ohne Marzipandecke darunter. Die Oberfläche muss aber glatt und krümelfrei sein.

1 Biskuit dünn mit Aprikosenglasur (Seite 26) oder Butterglasur überziehen, Früchtekuchen mit heißem Wasser oder klarem Obstbrand (z. B. Himbeergeist, Williams Christ) einpinseln.

2 Zum Durchmesser des Kuchens die doppelte Höhe addieren, um die Größe der Zuckerdecke zu ermitteln. Die Zuckerpaste kurz durchkneten. Auf einer mit Puderzucker bestreuten Arbeitsfläche 2–5 cm größer als das ermittelte Maß ausrollen.

3 Die ausgerollte Paste locker um die Backrolle wickeln. Über dem Kuchen abrollen, ausrichten und an die Seiten andrücken. Den unteren Rand gerade abschneiden.

4 Mit einem Plastikteigschaber oder einem Rest Zuckerpaste in einem kleinen Gefrierbeutel die Oberfläche glätten.

5 Um den Rand der Tortenplatte zu überziehen, einen Streifen in der benötigten Breite ausrollen, locker aufrollen. Den Plattenrand mit etwas heißem Wasser oder Alkohol einpinseln und den Streifen vorsichtig abrollen. Den Ansatz zur Tortenwand glätten, dann den äußeren Rand sauber abschneiden.

Einen eckigen Kuchen mit Zuckerpaste überziehen

1 Zur Breite der Oberfläche die doppelte Höhe des Kuchens addieren. Die Paste ausrollen und ein Rechteck zuschneiden, das 2–5 cm größer als das ermittelte Maß ist. Locker um die Backrolle wickeln. Über dem Kuchen abrollen und ausrichten.

2 Die Paste von der Mitte zu den Ecken hin glatt streichen, dann an den Seiten andrücken. Dabei die überschüssige Paste an den Ecken anheben.

3 Sorgfältig glätten und überstehende Paste am Fuß der Torte abschneiden. Tortenplatte verzieren wie oben.

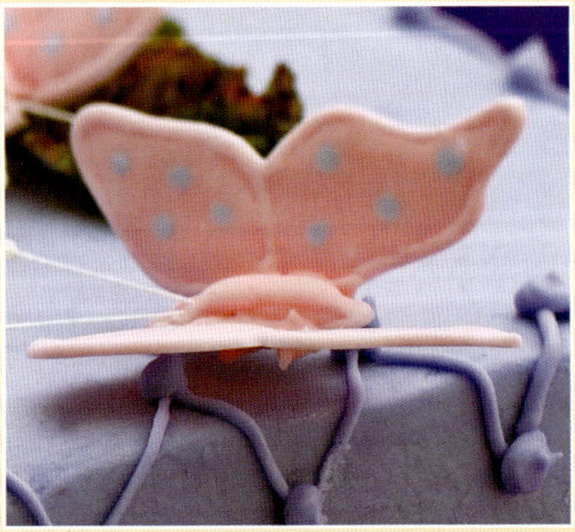

Kunstvolle Dekorationen

Das Schönste am Backen ist das Dekorieren. Es macht einfach Spaß, wenn eine Idee Form annimmt – und wenn Freunde und Verwandte das Ergebnis gebührend bewundern. Ob Sie nun einige Stunden oder gar Tage mit der Gestaltung zubringen, letztlich zählt doch das Ergebnis.

Zeichnen Sie Ihre Dekorationsidee zuerst auf, damit Sie spezielle Farben, Küchenhilfsmittel und Utensilien gezielt besorgen können. Wenn Sie eine Technik anwenden wollen, mit der Sie keine Erfahrung haben, probieren Sie sie vorher einmal aus. Bereiten Sie mehr Dekor-Details vor, als Sie benötigen, damit kleine Pannen Sie nicht aus dem Konzept bringen. Stellen Sie einen genauen Zeit- und Arbeitsplan auf, damit Sie nichts überstürzen müssen.

Denken Sie daran, dass Marzipan, Glasuren und Zuckerpaste Zeit zum Härten oder Erstarren brauchen. Zarte Dekorationen wie Blüten und ausgestochene Details müssen mindestens 1–2 Tage trocknen, ehe sie weiterverarbeitet werden können. Wer die Trockenzeiten nicht einplant, gerät leicht unter Zeitdruck.

Tipps für Eiweißspritzglasur

- Ehe Sie mit der Herstellung der Glasur beginnen, stellen Sie alle Zutaten und Utensilien zur Verarbeitung bereit.
- Rühren Sie reichlich Glasur an. So können Sie bei Bedarf verdünnte Glasur, die zu weich geworden ist, wieder festigen.
- Glycerin oder Glukosesirup dürfen nicht für Spritz- und Gussdekorationen verwendet werden, die hart werden sollen.
- Decken Sie alle Schüsseln und Spritzbeutel mit eingefärbter Glasur sofort mit Frischhaltefolie oder einem feuchten Geschirrtuch ab, wenn Sie nicht damit arbeiten.
- Mit einem feuchten, feinen Pinsel können Sie kleine Fehler beim Spritzen korrigieren oder die Spitzen von Blütenblättern ausziehen.
- Nach dem Einfärben der Glasur wird die Konsistenz geprüft. Ist sie zu weich, geben Sie etwas von der Grundmasse zu. Ist sie zu fest, wird tropfenweise Wasser eingerührt.

Dekorieren mit Eiweißspritzglasur

Eiweißspritzglasur wurde für Luxustorten mit komplexen Dekorationen erfunden, die normalerweise außerordentlich aufwändig und Zeit raubend sind. Es gibt aber Anlässe, für die eine ganz besondere Torte genau richtig ist, beispielsweise eine Hochzeit. Außerdem eignet sich Eiweißspritzglasur für vielfältige Dekorationsformen, darunter auch relativ schlichte, moderne Details, die kein allzu großes Geschick erfordern. Sehr wichtig ist allerdings die Konsistenz der Glasur. Ist sie zu fest, werden Ihnen beim Garnieren mit dem Spritzbeutel bald die Handgelenke schmerzen – vor allem, wenn Sie mehrere Torten oder ein mehrstöckiges Modell verzieren.

Weiche Spitzen

Dies ist die richtige Konsistenz für einen glatten Überzug auf einer Marzipandecke. Die Glasur soll weiche Spitzen bilden, die sich leicht krümmen.

Feste Spitzen

Für die meisten Spritzdekore. Die Glasur bildet feste, klare Spitzen. Zu fest darf sie aber nicht sein, sonst lässt sie sich schwer verarbeiten.

Sehr steife Spitzen

Dies ist die richtige Konsistenz für winterliche Schneeszenen. Arbeiten Sie so lange Puderzucker ein, bis die Glasur kurze, steife Spitzen bildet.

Konturen

Zum Spritzen von Motivkonturen sollte die Glasurmasse weiche Spitzen bilden oder etwas weicher sein.

Ausfüllen

Zum „Ausgießen" einer gespritzten Kontur muss die Glasur weicher sein. Ein Löffel voll Glasur sollte innerhalb von 8 Sekunden glatt verlaufen.

Einen Spritzbeutel formen und füllen

Man kann gar nicht zu viele kleine Spritzbeutel haben. Man kann sie zwar kaufen, doch manchmal muss man auch selbst einen formen.

1 Ein Pergamentpapierquadrat mit 25 cm Seitenlänge diagonal falten. Eine Spitze am Ende der langen Seite zu der Spitze in der Mitte hin führen. Das Papier dabei gleichzeitig zu einer Tüte drehen.

2 Die beiden übereinander liegenden Spitzen mit einer Hand halten, dann die dritte Ecke um die Tüte herum führen.

3 Die Papierecken genau ausrichten. Wichtig ist, dass unten die Spitze des Kegels ganz geschlossen und stabil ist.

4 Die übereinanderliegenden Ecken umfalten und evtl. mit einer Heftklammer fixieren. Wenn Sie eine Spritztülle verwenden, schneiden Sie die Spitze des Papierkegels ab und setzen die Tülle ein.

5 Den Beutel zur Hälfte mit Glasur füllen, dann den oberen Beutelrand umfalten und so verschließen.

6 Beide Ecken zur Mitte knicken, dann evtl. nochmals umfalten. Wenn Sie ohne Tülle arbeiten, schneiden Sie nun die Spitze ab, um eine Spritzöffnung in der gewünschten Größe zu erhalten.

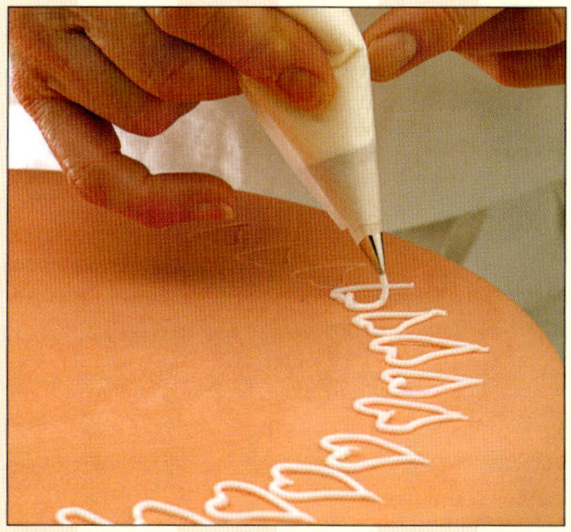

Spritztüllen

- Für dünne Linien brauchen Sie eine feine Lochtülle.
- Für kleine Rosetten, Sterne oder Muscheln verwenden Sie eine feine oder mittlere Sterntülle.
- Für Kordeldekore eignet sich eine große Sterntülle am besten.

Dekorationen spritzen

Halten Sie den Spritzbeutel in einer Hand so zwischen Daumen und Fingern, dass Sie die Glasur mit dem Daumen – nicht mit der ganzen Hand – nach unten drücken. Die zweite Hand stützt. Dann fest und gleichmäßig die Glasur durch die Öffnung drücken.

Linien: Damit die Glasur Halt findet, die Tülle oder Öffnung auf die Fläche setzen. Den Beutel anheben und langsam rückwärts führen, dabei drücken. Der Glasurstrang soll nicht sofort aufliegen, damit er noch ausgerichtet werden kann. Am Ende der Linie den Druck reduzieren und die Tülle wieder aufsetzen, um die Linie zu befestigen. Dann die Tülle abheben.

Perlenschur: Die feine Linie mit dickeren Punkten wirkt moderner als andere Dekore. Zuerst eine kleine Kugel aufspritzen, dann den Druck reduzieren und eine kurze Linie spritzen. Für die nächste Kugel den Druck wieder verstärken.

Cornelli: Dieses Dekor aus fortlaufenden Zacken- oder Wellenlinien sieht interessant aus und eignet sich gut zum Füllen von Flächen. Wichtig ist aber, dass Sie mit ganz gleichmäßigem Druck arbeiten und den Spritzbeutel zwischendurch nicht absetzen. Damit ein fließendes Muster gelingt, sollten Sie zuerst ein bisschen üben.

Kugeln: Die Lochtülle auf die Oberfläche setzen, still halten und etwas Glasur herausdrücken. Um eine lange Spitze zu vermeiden, den Druck vor dem Abheben des Spritzbeutels reduzieren. Die Dauer des Drucks bestimmt, wie groß der runde Tupfen wird.

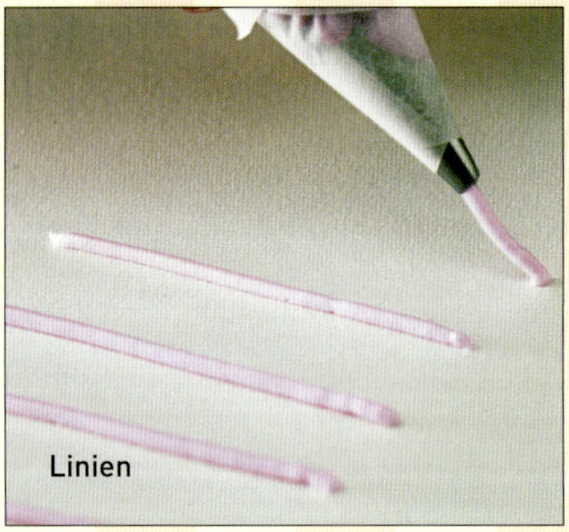
Linien

Perlenschnur

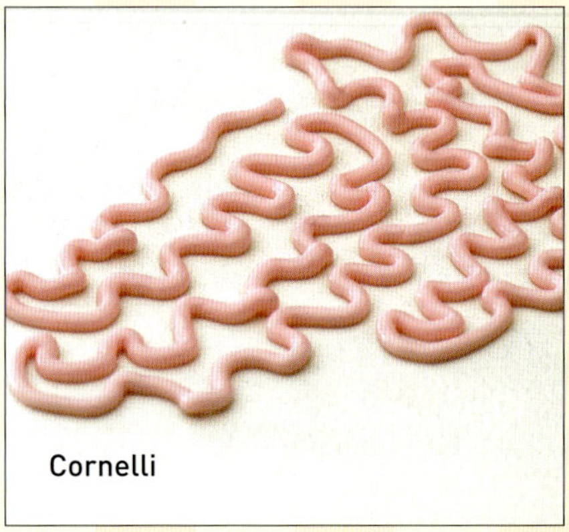
Cornelli

Sterne

Rosetten

Kugeln

Muscheln

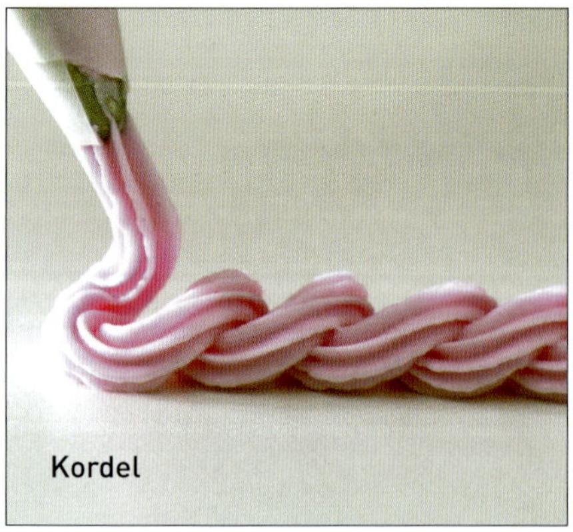
Kordel

Sterne: Eine Sterntülle einsetzen, den Beutel senkrecht und ruhig halten und Druck ausüben. Um eine scharfe Spitze zu erhalten, den Spritzbeutel mit einer kurzen Bewegung abheben. Für größere Sterne eine große Tülle verwenden.

Rosetten: Den Spritzbeutel senkrecht halten, die Sterntülle aufsetzen und etwas Glasur herausdrücken. Mit der Tülle einen sehr kleinen Kreis beschreiben, dabei den Spritzbeutel abheben und den Druck reduzieren, um eine Spitze zu formen.

Muscheln: Den Spritzbeutel im Winkel von 45° halten, die Sterntülle auf die Oberfläche setzen und drücken, bis Glasur austritt. Die Tülle senkrecht stellen und den Druck reduzieren, um den Strang abzutrennen, dabei gleichzeitig leicht nach hinten ziehen, um einen kurzen „Schwanz" zu erhalten. Die nächste Muschel dicht daneben spritzen.

Kordelmuster: Mit einer Rosette beginnen, aber die Tülle nicht absetzen, sondern mit kurzen, kreisenden Bewegungen vorwärts bewegen.

Blümchen spritzen: Ein Stückchen Pergamentpapier mit etwas Glasur auf einem Blumenstempel befestigen. Eine Blütentülle flach ansetzen, die breite Seite zeigt zur Blütenmitte. Ein Blütenblatt spritzen, dabei den Blumenstempel um 360° drehen. Einmal wiederholen, dann ein Blütenblatt in entgegengesetzter Richtung aufspritzen, um die Lücke zu füllen. Gelbe Pünktchen in die Mitte setzen und hart werden lassen.

Glasurmotive ausgießen

Aus Eiweißglasur kann man Dekormotive gestalten, die später separat auf eine Torte aufgesetzt werden. Zuerst wird die Kontur gespritzt. Nach dem Aushärten wird sie mit wesentlich weicherer Glasur, die kein Glycerin enthalten darf, „ausgegossen". Bei mehrfarbigen Dekoren muss jede Farbe aushärten, ehe die nächste folgt.

Das Motiv auf Pergamentpapier zeichnen, darauf Backpapier und an den Ecken mit Büroklammern fixieren. Mit relativ fester Glasur (Seite 34) alle Konturen spritzen und trocknen lassen – unter einer warmen Lampe geht es schneller. Dann die Fläche mit weicherer Glasur ausfüllen. 24 Stunden aushärten lassen. Das Motiv mit einem Palettenmesser vom Papier heben und mit etwas Glasur auf der Torte befestigen.

Dreidimensionale Dekormotive bestehen aus mehreren Einzelteilen, die nach dem Aushärten in verschiedenen Winkeln oder Ebenen zusammengesetzt werden. Bis die Glasur, die als Klebstoff dient, erstarrt ist, werden die Teile mit weichem Papier oder kleinen Schwammstückchen gestützt.

Dekorieren mit Zuckerpaste

Zuckerpaste ist vielseitig und angenehm zu verarbeiten. Sie eignet sich gut für thematische Dekorationen. Experimentieren Sie mit verschiedenen Formen. Wenn etwas misslingt, probieren Sie es einfach noch einmal. Im Fachhandel findet man viele Spezialwerkzeuge zum Modellieren von Zuckerpaste, mit denen auch Wellen und Rüschen, Falten, Bänder und Schleifen leicht gelingen. Mit Lebensmittelfarbe kann die Paste marmoriert oder uni eingefärbt werden, man kann sie überstäuben, bemalen und bedrucken. Die Trockenzeit ist nicht lang, sodass Sie nur ein bis zwei Tage für eine Torte rechnen müssen.

Formen ausstechen

Es gibt die verschiedensten Ausstechförmchen, mit denen man Motive aus Zuckerpaste ausstechen kann: Buchstaben und Zahlen, Blüten, Tiere und mehr. Für ausgefallene Motive schneiden Sie sich einfach eine Schablone aus festem Papier. Nach dem Ausstechen müssen die Formen 1–2 Stunden auf einer Platte trocknen. Um plastische Dekorationen zu erhalten, könnten Sie Motive gleicher Form in zwei Größen ausstechen und aufeinander kleben oder die Formen vorsichtig über weichem Papier oder einem Stück Schwamm biegen und so trocknen lassen. Natürlich kann die Masse auch bemalt oder eingefärbt werden.

Marmoreffekte

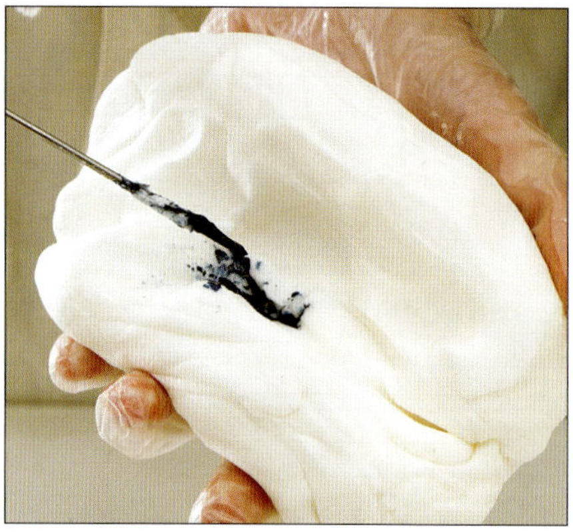

Zuckerpaste lässt sich leicht einfärben, allerdings sind Lebensmittelfarben unterschiedlich intensiv. Pasten und Pulver sind einfacher zu verarbeiten als Flüssigfarben.

- Mit einem Zahnstocher tropfenweise Farbe auf eine Portion Paste geben und jeden Tropfen gut unterkneten. Wiederholen, bis der gewünschte Ton erreicht ist. Sofort umwickeln.
- Zum Marmorieren gibt es zwei Techniken. Entweder arbeiten Sie die Farbe bewusst ungleichmäßig ein, oder Sie färben zwei Portionen Zuckerpaste in verschiedenen Farben ein und verkneten Sie vorsichtig, bis Ihnen der Effekt gefällt.
- Für eine Fondantdecke die Masse sofort ausrollen und auf den Kuchen legen. Vor dem Aufsetzen weiterer Dekorationen komplett trocknen lassen.

Zarte Dekore

Aus Pastillage und Blütenpaste kann man feine Motive gestalten, die mit Drähten auf der Torte fixiert werden. Die Arbeitsfläche mit etwas Speisestärke bestäuben, die Masse ausrollen und mit einem feuchten Messer Formen ausschneiden. Besteht das Motiv aus mehreren Teilen, werden die Ränder der Form dünn eingefettet, damit sie sich leichter von der Paste lösen. Auf einer mit etwas Speisestärke bestreuten Platte 2 Stunden trocknen lassen, umdrehen und nochmals 2 Stunden trocknen lassen. Dickere Motive müssen länger trocknen. Nach dem völligen Austrocknen werden die Motive bemalt und mit Eiweißspritzglasur zusammengesetzt. Vorsicht – sie sind sehr zerbrechlich. Stellen Sie vorsichtshalber einige Motive in Reserve her, falls etwas zu Bruch geht.

Kordeln und Zöpfe

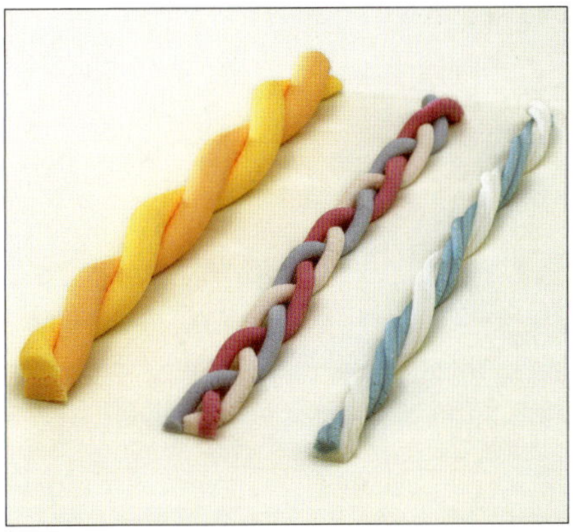

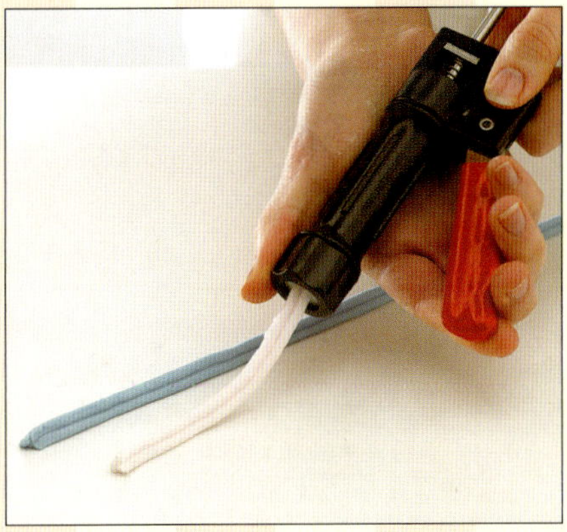

Kordeln und Zöpfe aus verschiedenfarbigen Marzipan- oder Fondantsträngen können sehr dekorativ aussehen.

Zweifache Kordel: Aus Paste in den gewünschten Farben zwei Stränge gleicher Stärke und Länge formen und umeinander drehen. Dient die Kordel als Einfassung eines Kuchens, sollte sie beim Drehen sofort auf den angefeuchteten Untergrund gelegt werden. Beim späteren Auflegen könnte sie sich verziehen.

Dreifache Kordeln und Zöpfe: Aus Paste in den gewünschten Farben Stränge gleicher Länge und Dicke formen und umeinander drehen oder flechten. Kordeln können flach gedrückt oder durch leichtes Rollen gedehnt werden.

Tipp: Schneller und gleichmäßiger geht es mit einer Strangpresse.

Tipps zum Färben und Modellieren

- Ziehen Sie beim Einkneten von Lebensmittelfarbe Einweghandschuhe an.
- Bewahren Sie ein Stück der eingefärbten Paste als Farbmuster auf, falls Sie nachmischen müssen.
- Nach dem Einfärben die Paste sofort in Frischhaltefolie oder Gefrierbeutel verpacken.
- Zarte Dekorationen zwischen zwei Lagen Frischhaltefolie modellieren.

Blüten

Auch bezaubernde Blüten kann man aus Dekormasse oder Marzipan formen. Für verschiedene Formen mit realistischer Maserung gibt es zweiteilige Gummimodel. Sie können die Blüten aber auch mit Förmchen ausstechen und von Hand verfeinern.

1 Die Dekorpaste recht dünn ausrollen. Pastillage und Blütenpaste müssen besonders dünn ausgerollt werden, dazu ist etwas Übung nötig.

2 Die Blütenformen ausschneiden oder ausstechen. Die Hälften der Model mit etwas Speisestärke bestäuben, die Blüten einlegen und das Oberteil aufdrücken. Die Blüten auf einer gewölbten Unterlage trocknen lassen.

3 Nach einigen Stunden sind die Blüten trocken und können mit einem feinen Pinsel und flüssiger Lebensmittelfarbe bemalt werden. In der Mitte werden silberne oder gelbe Perlen mit etwas Glasur befestigt. Nach Wunsch können Sie die Blüten noch mit Farbzucker bestäuben.

Ausstechform: Ausstechformen gibt es in den verschiedensten Größen. Mit einem Zahnstocher können die ausgestochenen Blüten weiter modelliert werden.

Gekräuselte Blüten: Damit sich die Ränder der Blüten weich wellen, drücken Sie sie durch rollende Bewegungen mit einem Zahnstocher flach.

Rüschen und Falten

Einfache Rüschen sehen als Kante auf einem Kuchen oder auf dem Rand der Tortenplatte hübsch aus. Gehen Sie ebenso vor wie beim Kräuseln von Blütenblättern.

Gekräuselter Streifen: Einen Streifen Marzipan oder Dekormasse auf einer leicht gezuckerten Arbeitsfläche ausrollen. Ein Holzstäbchen mit festem Druck über eine Längskante rollen. Nicht anhalten, sonst klebt die Paste an. Die Rüsche vorsichtig anheben und auf die Torte legen. Sie können Sie auch aufrollen, um eine Nelkenblüte zu erhalten. Falten oder größere Wellen formen Sie mit den Fingern.

Rüschenkreis: Einen Kreis aus Dekormasse ausschneiden und ein Holzstäbchen in Abständen über den Rand rollen.

Rüschenring: Zuerst den Rand eines Kreises kräuseln, dann die Mitte ausstechen. Ein kleiner Ring eignet sich als Rock für eine Figur. Größere Ringe können als Deko für die Tortenplatte oder die Tortenoberseite verwendet werden.

Plattenrand mit Rüschen oder Falten: Den Rand der Tortenplatte mit Dekormasse belegen, dann ein Holzstäbchen über die Außenkante rollen.

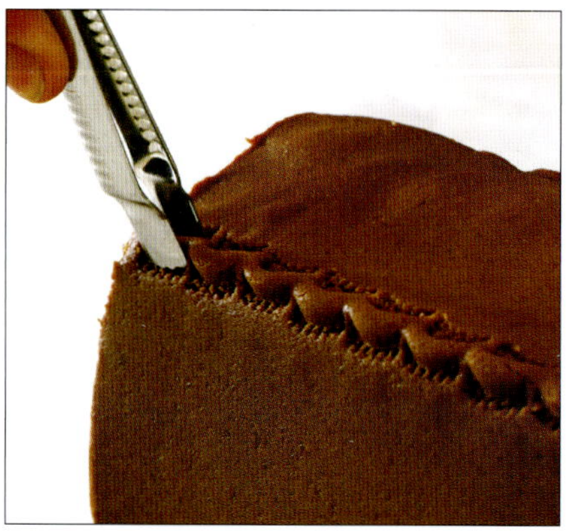

Einfache Werkzeuge

Prägestempel und -zangen sind in großer Auswahl erhältlich und einfach zu benutzen, sofern Marzipan oder Zuckerpaste weich genug sind.

Prägestempel: Damit der Stempel nicht anklebt, wird er zunächst in Puderzucker getaucht. Dann in regelmäßigen Abständen oder locker verteilt sanft in die Dekormasse drücken. Danach die Prägemuster sofort überstäuben oder bemalen und trocknen lassen.

Prägezange: Für Ober- und Unterkante einer Torte und den Rand der Tortenplatte. Die Zange wie eine Pinzette ansetzen und die Dekormasse auf 5–7 mm zusammendrücken.

Dekorieren mit Schokolade

Schokolade ist unwiderstehlich – auch auf ausgefallenen Hochzeitstorten. Sie lässt sich leicht verarbeiten und eignet sich für schlichte und aufwändige Dekors gleichermaßen.

Durch Mischung mit verschiedenen Anteilen Butter, Zucker oder Sahne kann man geschmolzene dunkle, weiße oder Vollmilchschokolade für Überzüge und Glasuren verwenden. Je nach gewünschtem Effekt wird sie warm verarbeitet oder zum Erstarren beiseite gestellt. Am besten schmeckt hochwertige Schokolade mit einem hohen Kakaoanteil.

Ganache

225 g Zartbitter-, Vollmilch- oder weiße Schokolade, in Stücke gebrochen
120 g Schlagsahne
50 g weiche Butter

1 Die Schokolade in eine Schüssel geben. Die Sahne in einem kleinen Topf bis kurz vor den Siedepunkt erhitzen.

2 Die heiße Sahne zur Schokolade gießen und verrühren, bis die Schokolade völlig aufgelöst ist.

3 Die weiche, aber nicht zerlassene Butter unter die warme Schokoladenmasse rühren.

Feine Aromen: Die folgenden Aromastoffe können vor dem Erstarren zugesetzt werden.
- 1–2 TL abgeriebene Orangen- oder Zitronenschale
- 1/2–1 TL frisch geriebene Muskatnuss oder Zimt
- 2–3 EL Cognac, Whisky, Cointreau oder anderer Alkohol
- 1–2 EL Espresso oder frischer Orangensaft

Ganache-Überzug: Die Ganache leicht abkühlen und eindicken lassen. Mit einer zügigen Bewegung in die Mitte der Tortenoberfläche gießen und gleichmäßig verstreichen. Ist die Ganache noch sehr flüssig, leicht gegen die Tortenplatte klopfen, sodass sie von selbst verläuft.

Glasur und Spritzdekor: Die Ganache abkühlen, aber nicht erstarren lassen. Mit einem Holzlöffel kräftig aufrühren, um eine luftige Masse zu erhalten, die auf Oberfläche und Seiten der Torte verstrichen wird. Zum Spritzen die Ganache in einen mittleren Spritzbeutel mit Sterntülle füllen und Rosetten oder Kordeln um den Tortenrand spritzen.

Schokolade schmelzen

Schokolade kann man im heißen Wasserbad oder in der Mikrowelle schmelzen. Einige Regeln sollten Sie beachten:
- Beim Schmelzen über einem Wasserbad darf das Wasser nicht kochen, sondern nur schwach simmern. Der Schüsselboden darf das Wasser nicht berühren, sonst wird die Schokolade zu heiß und kann hart werden oder sich in Fett und Feststoffe trennen.
- Die Schokolade darf nicht mit Wasser (oder heißem Dampf) in Berührung kommen, sonst überhitzt sie ebenfalls.
- Erst umrühren, wenn die Schokolade geschmolzen ist.
- In der Mikrowelle in kurzen Schüben von 30–50 Sekunden auf mittlerer Stufe (nicht höher) schmelzen. Andernfalls kann die Schokolade verbrennen und unbrauchbar werden.

Tipps für Schokoladenspäne

- Verarbeiten Sie nur kleine Mengen Schokolade, um die Temperatur besser überwachen zu können.
- Hochwertige Schokolade reagiert wegen des höheren Kakaogehalts sensibler auf Temperaturen als preiswerte Schokolade.
- Weiße Schokolade braucht zum Abkühlen und Erstarren länger als dunkle.

Schokoladenspäne

Schokoladenspäne sollten frühzeitig vorbereitet werden. In einer luftdicht schließenden Dose halten sie sich einige Tage. Nicht in den Kühlschrank stellen, weil sie sonst beim Erwärmen auf Zimmertemperatur durch Kondensation fleckig werden können.

100 g Schokolade schmelzen und glatt rühren. In zwei Portionen auf eine saubere, glatte Platte geben. Besonders geeignet ist Marmor, der sehr glatt und kühl ist. Die Schokolade gleichmäßig nicht zu dünn verstreichen und abkühlen lassen. Sie kann verarbeitet werden, wenn sie nicht mehr glänzt. Passen Sie genau auf, denn wenn die Schokolade zu fest ist, bilden sich keine Röllchen mehr. Raumtemperatur und Luftfeuchtigkeit beeinflussen den Härtungsvorgang. Wer es eilig hat, stellt die Schokolade einige Minuten in einen kühlen Raum. Schokoladenreste können Sie nochmals einschmelzen.

Je nach verwendetem Werkzeug können verschiedene Späne und Rollen entstehen:
Späne: So nennt man die langen, unregelmäßig geformten, spitzen Röllchen. Einen breiten Spatel im spitzen Winkel auf die Schokolade setzen und vom Körper wegschieben. Solange das Werkzeug in diesem Winkel bewegt wird, schabt es Späne von der Schokolade.
Rollen: Einen sauberen, neuen Malerspachtel durch die Schokolade schieben, um gleichmäßigere, dickere Rollen zu erhalten.
Locken: Mit einem Eiscremeformer oder der stumpfen Seite einer runden Ausstechform schabt man schmale Locken.

Schokoladenblätter

Wählen Sie frische, glatte Blätter mit klarer Form, etwa Lorbeer oder Ilex. Gründlich waschen und abtrocknen. Flüssige, schon recht kühle Schokolade zügig nicht zu dünn auf die Blattunterseiten streichen und auf Pergamentpapier oder Alufolie erstarren lassen. Zur weiteren Verarbeitung die Blätter von der Schokoladenschicht abziehen.

Schokoladenformen

Die Schokolade wird wie zur Herstellung von Spänen vorbereitet. Sie muss gleichmäßig und nicht zu dünn verstrichen werden. Die ausgestochenen Formen vorsichtig mit einem Palettenmesser auf eine Platte oder in eine Dose legen und kühl und trocken lagern. Klar konturierte, einfache Formen wie Teddybären, Herzen, Sterne oder Halbkreise lassen sich leichter ausstechen als komplexere Formen.

Schokolade marmorieren

Glasuren oder ausgestochene Formen aus marmorierter Schokolade sind ein ungewöhnlicher Anblick. Verschiedenfarbige Schokoladensorten separat schmelzen, eine Sorte auf eine Platte gießen und die andere mit einem Löffel darauf klecksen. Mit einem kleinen Löffel oder Messer Spiralen durch die Schokoladen ziehen und erstarren lassen. Dann können Formen ausgestochen oder Späne geschabt werden.

Schokolade spritzen

Lauwarme Schokolade hat gute Fließeigenschaften, die beim Abkühlen aber verloren gehen. Verwendet man zum Spritzen kleine Papierspritzbeutel ohne Tülle, kann man den ganzen Spritzbeutel zwischendurch in der Mikrowelle wieder erwärmen, falls die Schokolade zu fest wird. Alternativ verwenden Sie einen kleinen Spritzbeutel mit einer feinen Lochtülle.

Einfache gespritzte Motive eignen sich gut als Tortendekor. Das Motiv auf Pergamentpapier vorzeichnen, ein Stück feste Klarsichtfolie darauf legen und das Motiv mit der Schokolade nachzeichnen. Die Folie verschieben und das Muster erneut spritzen. Auf diese Weise erhalten Sie eine Reihe identischer Formen. Zum Erstarren kühl stellen.

Sie können Formen oder Motive auch direkt auf eine Torte spritzen.

Zweifarbige Schokoladendekorationen sehen großartig aus. Spritzen oder träufeln Sie helle und dunkle Schokolade abwechselnd auf die Torte. Legen Sie Alufolie über eine Backrolle, und spritzen Sie feine Linien darüber, um zarte Schokoladenbögen zu erhalten.

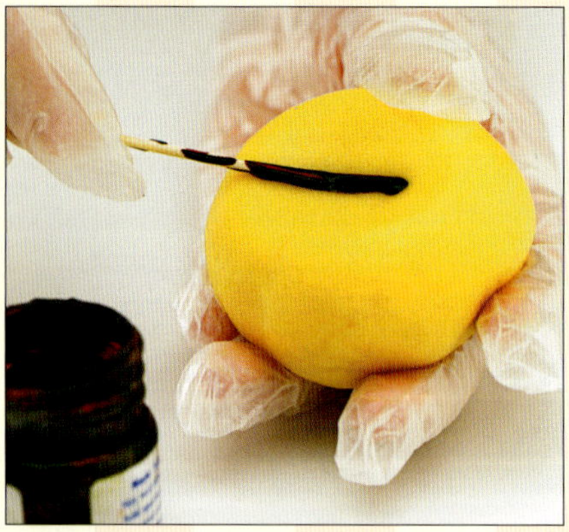

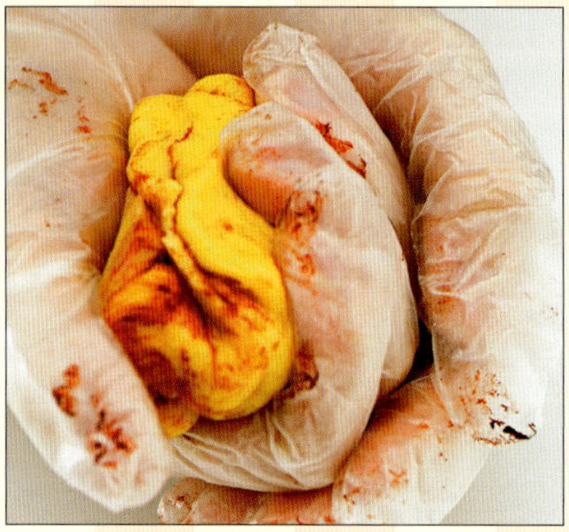

Dekorieren mit Marzipan

Marzipan ähnelt in der Konsistenz Zuckerpaste und wird für ähnliche Dekorationen verwendet. Traditionell dient es als Decke für Früchtekuchen, aber auch als essbare Modelliermasse für Tiere, Körbchen, Blüten und Früchte.

Marzipan enthält mehr Fett und Feuchtigkeit als Zuckerpaste, darum muss es länger trocknen. Ist es zu weich, kann etwas Zuckerpaste oder Pastillage untergeknetet werden. Ist es dagegen trocken und krümelig, kneten Sie etwas Glukosesirup oder Kokosfett unter und lassen die Masse bis zur weiteren Verarbeitung 24–48 Stunden ruhen. Am besten modellieren Sie mit Ihren Händen, allerdings können einige Modellierwerkzeuge hilfreich sein. Marzipan, das nicht verarbeitet wird, immer in Folie wickeln, damit es nicht austrocknet.

Marzipan einfärben

Färben Sie Marzipanrohmasse zuerst in den hellen Tönen ein. Farben in Pulver- und Pastenform, trocken verwendet oder mit Alkohol angerührt, eignen sich am besten. Mit Farben auf Wasserbasis wird das Marzipan leicht zu feucht. Falls Sie Farben auf Wasserbasis verwenden, geben Sie sie tropfenweise mit einem Zahnstocher oder einem spitzen Messer ins Marzipan.

- Die Farbe gründlich einkneten. Durch die Wärme der Hände wird das Marzipan weicher und lässt sich leichter kneten.
- Lebensmittelfarben sehr vorsichtig dosieren, manche sind extrem intensiv. Einweghandschuhe schützen die Hände vor Verfärbungen.
- Schokoladenmarzipan (mit untergeknetetem Kakaopulver) hat eine schöne Farbe und schmeckt gut, muss aber eventuell nachgesüßt werden. Bei größeren Mengen dafür Zuckersirup verwenden, weil das Marzipan durch den Kakao trockener wird.

Marzipanfrüchte

Aus Marzipan kann man kleine Süßigkeiten in vielen Formen, Farben und Geschmacksrichtungen herstellen. Marzipanfrüchte eignen sich gut als kleines Geschenk und können recht realistisch aussehen. Sanfte Farben wirken appetitlicher als grelle. Die Früchte gut trocknen lassen, damit sie sich länger halten. Anfänger sollten mit einfachen Formen beginnen, etwa Karotten, Äpfeln, Birnen oder Bananen.

Für Karotten wird das Marzipan bräunlich rot eingefärbt. Ein kleines Stück zu einer länglich spitzen Form rollen. Mit einem Zahnstocher die typischen Rillen einritzen und oben ein Loch für die Blätter stechen. Etwas Lebensmittelfarbe in die Rillen pinseln oder aufstäuben und ein Stück kandierte Angelikawurzel oder Zitronat als Blattstielchen hineinstecken.

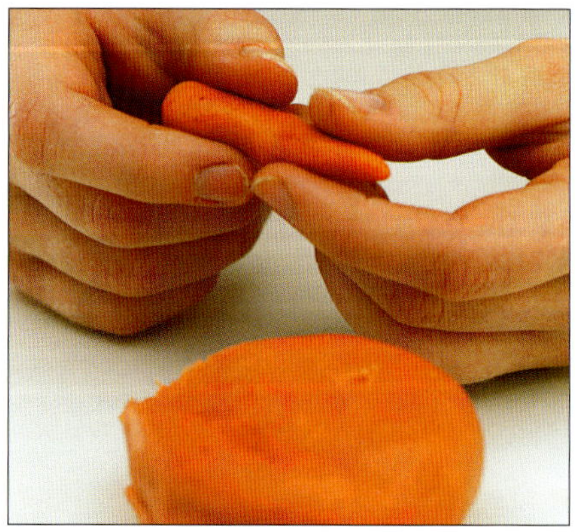

Marzipanrosen

Die Größe des mittleren Kegels bestimmt die Größe der fertigen Blüte. Nachdem die fünf Grundblätter angesetzt sind, können Sie weitere hinzufügen, um eine größere oder fülligere Blüte zu erhalten. Ziehen Sie zum Formen der Blütenblätter Einweghandschuhe an, oder drücken Sie das Marzipan zwischen zwei Lagen Frischhaltefolie flach, die mit etwas Speisestärke bestäubt sind.

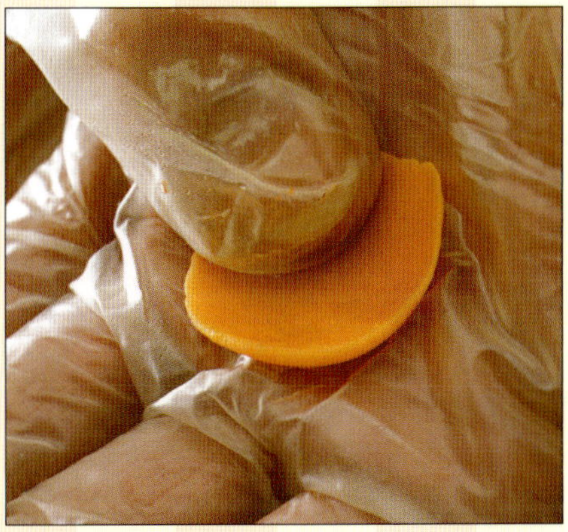

1 Einen kleinen Kegel aus Marzipan formen. Dann eine winzige Kugel Marzipan zu einem Blütenblatt flach drücken und um den Kegel legen. Die Mitte leicht modellieren, um ihr eine hohe, schlanke Edelrosenform zu geben.

2 Auf die gleiche Weise zwei weitere Blütenblätter formen und einander überlappend um die Blütenmitte legen, Wieder leicht eindrücken. Jetzt ist die Rosenknospe fertig.

3 Für eine voll erblühte Rose drei weitere Blütenblätter überlappend ansetzen, nach Belieben auch mehr. Damit die Blüte realistisch wirkt, die oberen Ränder der Blütenblätter behutsam nach außen biegen.

4 In der Mitte alle Blütenblätter fest andrücken, dann die Blütenunterseite sauber abschneiden. Die Rosen auf Pergamentpapier über Nacht an einem kühlen, trockenen Platz trocknen lassen.

Marzipanblüten

Ähnlich wie aus Zuckerpaste oder Pastillage kann man auch aus Marzipan kleine Blüten formen. Damit das Marzipan fester wird, etwas Zuckerpaste unterkneten. Das Marzipan einfärben oder nach dem Formen bemalen. Die Blüten können auch kandiert werden, indem man sie in 150 °C heißen Zuckersirup taucht. Vor dem Kandieren sollten sie mindestens 24 Stunden trocknen. Blüten, die kandiert werden sollen, dürfen nicht zu dünn sein. Zum Eintauchen einen Draht oder eine Gabel in die Unterseite stechen, danach die Blüten auf einer eingeölten Platte trocknen lassen.

Einfache Marzipanblüten sind schnell gemacht. Dazu zartfarbiges Marzipan – z. B. in Rosa, Hellgelb oder Flieder – ausrollen, mit einem Förmchen ausstechen und zum Trocknen auf einen Schwamm legen. Ein fertig gekauftes „Staubgefäß" mit gelbem Kopf auf die richtige Länge schneiden, fest in die Blütenmitte drücken und trocknen lassen.

Marzipanformen glasieren

Marzipandekorationen kann man in geschmolzene Schokolade tauchen oder mit einer Mischung aus Lebensmittelfarbe und Alkohol besprühen. Ein Überzug aus Fettglasur, gelöstem Gummi arabicum oder geschmolzener Kakaobutter gibt ihnen schönen Glanz.

Tipps für Marzipan

- Einweghandschuhe schützen vor Verfärbungen mit Lebensmittelfarbe. Blütenblätter und andere feine Details lassen sich mit Handschuhen besser formen als zwischen Folienschichten.
- Marzipan, das nicht verarbeitet wird, immer fest einwickeln.
- Naturfarbiges Marzipan lässt sich besser einfärben als gelbliches.
- Mit einem Überzug aus Kakaobutter halten fertige Marzipanformen länger.
- Bei Fertigprodukten immer die Packungsanweisung beachten!

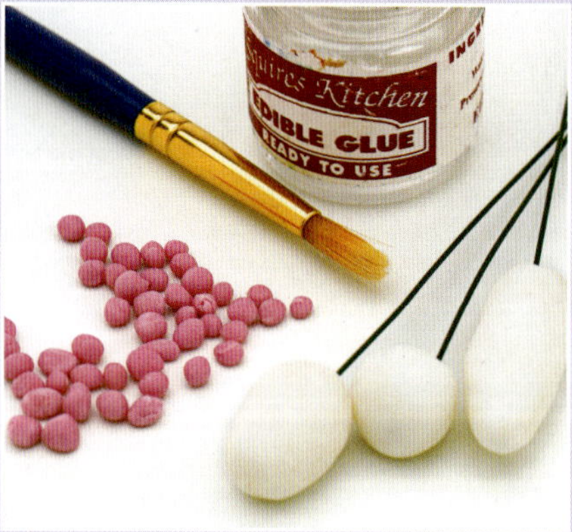
EDIBLE GLUE
READY TO USE

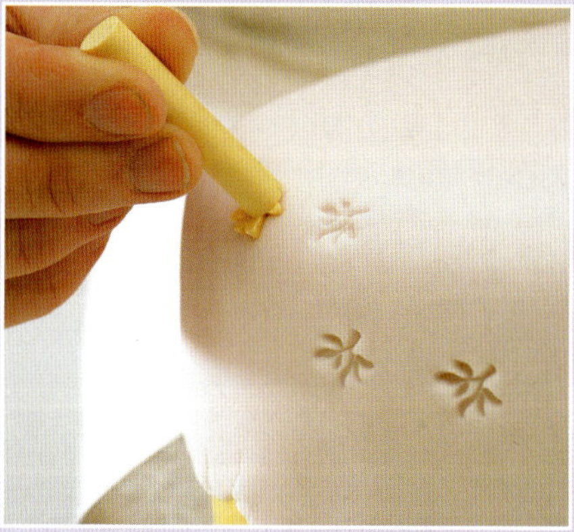

Festtagstorten

In diesem Kapitel stellen wir eine große Auswahl zeitgemäßer Torten vor, die fantastisch aussehen und verführerisch schmecken. Hier finden Sie für jeden Anlass die richtigen Anregungen und Rezepte – für beliebte Klassiker ebenso wie für moderne Tortenkreationen.

Das Dekorieren einer Torte macht Spaß, und es ist gar nicht so schwer, ein Prachtexemplar für einen besonderen Anlass zu gestalten; das werden Sie in diesem Kapitel sehen. Entdecken Sie Vorschläge für Geburtstage und Jubiläen, formelle und zwanglose Feiern. Selbst eine imposante Hochzeitstorte wird Ihnen mit etwas Übung gelingen.

Natürlich müssen Sie nicht auf den besonderen Anlass warten. Kreieren Sie aus purem Vergnügen ein süßes Meisterwerk, vielleicht eine Schokoladenverführung, eine Pyramide aus verzierten Muffins, kunterbunt glasierte Würfel oder eine erfrischende Zitrustorte.

Glasierte Muffins

Wenn Sie einen Vorrat dieser Muffins backen, können Sie die Verzierung ganz auf Ihre Gäste, Ihre Kinder oder Ihre Laune abstimmen oder auch mehrere Ideen gleichzeitig ausprobieren.

Ergibt etwa 15 Stück

1 Rezept Victoria-Biskuit aus 3 Eiern (Seite 16)
1–2 TL Kakaopulver
2–3 TL Milch
2 Rezepte Zuckerguss (Seite 24)
rote oder blaue Lebensmittelfarbe
silberfarbene Zuckerperlen
bunte Papiersterne
5 Kirschen mit Stielen
2 EL Schokoladen-Butterglasur (Seite 23)
5 Schokoladenformen (Seite 43)
Puderzucker, gesiebt, zum Bestäuben

1 Den Backofen auf 180 °C vorheizen. Den Teig vorbereiten. 15 Papierförmchen in ein Muffinblech setzen. Kakaopulver mit Milch anrühren und unter ein Drittel des Teiges rühren. Die Teige in die Förmchen füllen (nicht mischen!) und 15–20 Minuten backen, bis sie aufgegangen, hellbraun sind und auf Fingerdruck elastisch nachgeben. Auf einem Kuchengitter auskühlen lassen.

2 Fünf helle Kuchen mit gewölbter Oberfläche beiseite stellen. 1 Esslöffel Zuckerguss rot oder blau einfärben. Weißen Zuckerguss auf die fünf flacheren hellen Kuchen verteilen. Einige Tropfen farbigen Guss darauf träufeln und die Farben mit einem Zahnstocher ineinander verziehen. Mit Zuckerperlen und Sternen garnieren.

3 Auf den übrigen fünf hellen Kuchen je eine Kirsche mit etwas Zuckerguss legen, dabei die Kirsche am Stiel festhalten. Über jede Kirsche 1 EL Zuckerguss gießen, bis sie ganz bedeckt ist. Zum Erstarren beiseite stellen.

4 Von den Schokoladenkuchen einen kleinen Deckel abschneiden. Etwas Schokoladen-Butterglasur aufspritzen, den Deckel schräg aufsetzen. Mit einer Schokoladenform garnieren und mit Puderzucker bestäuben.

Früchtetorte mit „Raureif“

Kleine Früchte am Stiel sehen mit einer Zuckerkruste besonders hübsch aus, auch feste Herbstbeeren können verwendet werden. Weiche oder beschädigte Früchte (auch Tiefkühlfrüchte) sind ungeeignet, weil sie nicht trocken werden. Unter der dicken Zuckerkruste halten sich die Früchte einige Tage an einem trockenen Platz.

Ergibt 6–8 Stücke

175 g gemischte, feste Beeren
100 g gemischte Früchte, z. B. Kirschen, rote Johannisbeeren, Physalis
1 kleines Eiweiß
75 g Feinstzucker
300 g Schlagsahne
1 Rezept Genueser Biskuit, 18 cm Ø (Seite 17)

1 Weiche und große Beeren für die Füllung beiseite stellen, bei Bedarf halbieren. Die Früchte gründlich mit Küchenpapier trockentupfen.

2 Das Eiweiß in einer kleinen Schüssel leicht verquirlen. Den Zucker in eine größere Schüssel geben. Ein sauberes Tablett mit Pergamentpapier belegen.

3 Die Früchte dünn, aber sehr sorgfältig mit Eiweiß einpinseln – auch die Ritzen und Spalten.

4 Dann die Früchte im Zucker wälzen, zusätzlich bestreuen. Auf Pergamentpapier einige Stunden an einem warmen Platz ruhen lassen, bis die Zuckerkruste völlig fest und trocken ist.

5 Die Sahne steif schlagen. Ein Drittel der Sahne und die aufbewahrten Beeren auf einem Biskuitboden verteilen. Den zweiten Boden darauf setzen. Mit etwas Sahne bestreichen. Aus der restlichen Sahne einen Rosetten-Kranz auf den Rand spritzen.

6 Die Torte auf eine Servierplatte legen und mit den überzuckerten Früchten garnieren.

Tipps für die Zuckerkruste

- Die Früchte müssen sauber und trocken sein.
- Bei Bedarf den Vorgang wiederholen.
- In einer luftdicht schließenden Dose aufbewahren. Etwas Salz oder Silica-Gel-Kristalle in ein Stück feinen Stoff wickeln und dazulegen. Dieses Material kann eventuell überschüssige Feuchtigkeit aufnehmen.

Karottenkuchen

Dieser saftige Kuchen mit der üppigen Glasur schmeckt nach mehr! Das Modellieren der Karotten und Zimtstangen macht Spaß, zumal man sie vorbereiten und in einer luftdichten Dose gut aufbewahren kann.

Ergibt 16 Stücke

175 ml Sonnenblumenöl
175 g feiner, hellbrauner Zucker
3 große Eier, verquirlt
abgeriebene Schale von 1 Orange
Saft von 1/2 Orange
275 g feines Vollkornmehl
3 TL Backpulver
100 g Sultaninen
450 g Karotten, fein geraspelt

Glasur und Dekoration
100 g Marzipan (Seite 26)
braune und orangefarbene Lebensmittelfarbe
kandierte Angelikawurzel oder kandierte Limettenschale
1 Rezept Amerikanische Glasur (Seite 25)

1 Zuerst die Dekoration formen. Zwei Drittel des Marzipans orangefarben einfärben und für die Karotten verwenden (Seite 44). Die charakteristischen Rillen mit einem Zahnstocher eindrücken und mit etwas brauner Lebensmittelfarbe nachmalen. Als Stiele dünne Streifen Angelikawurzel oder Limettenschale verwenden.

2 Das restliche Marzipan braun einfärben und dünn ausrollen. Kleine Rollen formen, die wie Zimtstangen aussehen. Die Enden „splitterig" abschneiden. Trocknen lassen.

3 Den Backofen auf 180 °C vorheizen. Eine Springform (24 cm Ø) auslegen und fetten. Alle Teigzutaten in einer Schüssel gut verrühren. Den Teig in die Form füllen und glatt streichen.

4 40–50 Minuten backen, bis der Teig aufgegangen ist und sich fest anfühlt. In der Form abkühlen lassen, dann auf ein Kuchengitter legen.

5 Die Glasur anrühren, auf dem Kuchen verteilen und mit einem Löffel Dellen und „Gipfel" hineindrücken und -ziehen. Auf eine Servierplatte legen und erst kurz vor dem Servieren mit den Karotten und Zimtstangen garnieren.

Beschwipster Schokoladenkuchen

Der üppige Schokoladenkuchen enthält unter der dekorativen Glasur einen kräftigen Schuss Rum – nur für Erwachsene!

Ergibt 8–10 Stücke

250 g dunkle Schokolade
175 g Butter
6 Eier, getrennt
200 g Feinstzucker
50 g Mehl
1/2 TL Backpulver
3–4 EL Rum

Glasur und Dekoration
1 Rezept dunkle Ganache (Seite 41)
75 g weiße Schokolade
100 g dunkle Schokolade

1 Eine Springform (20 cm Ø) auslegen und fetten. Den Backofen auf 170 °C vorheizen. Schokolade und Butter langsam in einer hitzebeständigen Schüssel im heißen Wasserbad (oder mehrmals 30–50 Sekunden in der Mikrowelle auf mittlerer Leistungsstufe) schmelzen. Leicht abkühlen lassen.

2 Die Eigelb mit 150 g Zucker cremig verquirlen. Langsam die abgekühlte Schokolade unterrühren. Dann Mehl und Backpulver unterheben.

3 In einer anderen Schüssel das Eiweiß steif (aber nicht trocken) schlagen. Den restlichen Zucker unterrühren. Den Eischnee unter die Schokoladenmasse heben. Dann den Teig in die vorbereitete Form füllen.

4 1 1/4 Stunden backen, bis der Kuchen aufgegangen ist und sich fest anfühlt. An einem eingestochenen Messer sollte kein Teig mehr haften. In der Form leicht abkühlen lassen, dann auf ein Kuchengitter stürzen und auskühlen lassen.

5 Den Kuchen umdrehen und den Boden mit Rum beträufeln. Einige Minuten einziehen lassen, dann den Kuchen wieder umdrehen und auf das Gitter legen. Ein Backblech oder Papier unter das Gitter schieben. Ein Drittel der Ganache beiseite stellen, den Rest zügig auf den Kuchen gießen und über die ganze Fläche verlaufen lassen. Was auf die Unterlage tropft, kann wieder eingeschmolzen werden.

6 Auf einem Stück Alufolie ein Rechteck von 25 cm x 8 cm aufzeichnen. Eine Backrolle bereitlegen. Dunkle und weiße Schokolade getrennt schmelzen und in kleine Papierspritzbeutel füllen. Die Spitzen knapp aufschneiden. Linien aus weißer Schokolade auf den Kuchen spritzen.

7 Auf das Alufolienrechteck zuerst dunkle, dann weiße Schokolade zickzack aufspritzen. Schokoladenreste aufbewahren. Die Alufolie vorsichtig über die Backrolle legen und die Schokolade erstarren lassen. Dann die Schokoladenbögen abnehmen und auf dem Kuchen verteilen.

8 Den Kuchen auf eine Servierplatte legen. Die Reste von Schokolade und Ganache zusammen schmelzen und soweit abkühlen lassen, dass sich die Masse spritzen lässt. Rosetten um den unteren Kuchenrand spritzen und bis zum Servieren kühl stellen.

Petits Fours

Kleine Gebäckwürfel, liebevoll verziert und kaum größer als Pralinen, waren früher einmal sehr beliebt und erleben gerade eine Renaissance. Wir haben anstelle der traditionellen Zuckerpaste eine weichere Eiweißspritzglasur verwendet. Zuckerguss ist nicht geeignet. Form und Farbe können Sie selbst wählen, besonders appetitlich sehen aber zarte Pastelltöne aus.

Ergibt 10–12 Stück

Victoria-Biskuit mit 2 Eiern, in einer eckigen (15 cm x 15 cm) oder einer runden Form (16 cm Ø) gebacken (Seite 16)

1/2 Rezept Eiweißspritzglasur mit 225 g Puderzucker (Seite 28)

verschiedene Lebensmittelfarben

einige abgezogene Mandeln oder Stücke von Orangeat und Zitronat, zum Dekorieren

1 Den Biskuit in mundgerechte Stücke schneiden, z. B. Quadrate, Kreise, Dreiecke, Halbmonde oder Rauten. Auf ein Kuchengitter setzen.

2 Die Glasur auf drei Schüsseln verteilen. Eine Portion bleibt weiß und wird mit Frischhaltefolie abgedeckt. Die beiden anderen Portionen nach Belieben einfärben und mit etwas Wasser auf fließfähige Konsistenz verdünnen – etwas fester als zum Ausgießen von Formen.

3 Die Hälfte der Teigstücke mit einer Farbe überziehen, die zweite Hälfte mit der anderen. Ist die Glasur zu dünn, nach dem Trocknen nochmals überziehen. Auf einige der Stücke vor dem Glasieren eine Mandel oder ein Stück Orangeat oder Zitronat legen.

4 Die weiße Glasur in zwei oder drei weiteren Farben eintönen und Muster auf die Kuchen spritzen oder träufeln. Jede Farbe erstarren lassen, ehe die nächste folgt. Vor dem Servieren trocknen lassen.

Tipp für die Glasur

Einfacher geht es, wenn Sie eine Fertigmischung für die Glasur kaufen und nach Packungsanweisung anrühren.

Zitrustorte

Was kann man aus einem eingefrorenen Biskuitkuchen zaubern? Ganz einfach: in Schichten schneiden, erfrischendes Lemoncurd aufstreichen, zusammensetzen und mit fruchtiger Butterglasur überziehen. Eine Garnierung aus kandierter Orangenschale und Karamell drauf – unübertrefflich.

Ergibt 10–12 Stücke

- 5 oder 6 dünne Böden aus Victoria-Biskuit (Seite 16) oder Madeira-Kuchen (Seite 18) mit Zitronenaroma
- 2 Rezepte Zitronenbutterglasur (Seite 23) oder Butterschaumglasur (Seite 24)
- 1 große Orange
- 3 EL Feinstzucker
- 2 EL Orangensaft
- 6 EL Lemoncurd (englische Zitronencreme, Fertigprodukt, in gut sortierten Supermärkten erhältlich)
- 2 EL Zucker
- goldene Tortenplatte (25 cm Ø)

1 Die Biskuitböden kühlen. Die Butterglasur vorbereiten und kalt stellen.

2 Mit einem Sparschäler dünne Streifen von der Orangenschale (ohne die weiße Innenschale) abschälen und diese in ganz feine Streifen schneiden. In einem kleinen Topf den Zucker im Orangensaft auflösen. Die Schalenstreifen zugeben und leicht köcheln lassen, bis die Flüssigkeit fast verdampft ist und der Zucker zu karamellisieren beginnt.

3 Die Schalenstreifen auf Backpapier legen, trennen und in einem trockenen, warmen Raum aushärten lassen.

4 Die Biskuitböden abwechselnd mit Lemoncurd und Butterglasur bestreichen und aufeinander setzen. Oberfläche und Seiten mit Butterglasur bestreichen und mit dem Messer schwungvolle Spuren in die Glasur drücken. Kalt stellen.

5 Inzwischen den zusätzlichen Zucker auf ein Stück Alufolie streuen und unter den heißen Grill schieben, bis der Zucker hellbraun karamellisiert und brodelt. Abkühlen lassen.

6 Die Torte auf die Platte setzen. Kurz vor dem Servieren Orangenschale und Karamellstücke in der Mitte anhäufen. Auch den Rand mit Karamellstücken garnieren.

Battenberg-Kuchen

Dieser Kuchen für Marzipan-Fans wurde der Legende nach 1884 nach Prinz Ludwig Alexander von Battenberg benannt. Hier stellen wir drei Geschmacksvariationen vor.

Ergibt 6–8 Stücke

Victoria-Biskuit mit 4 Eiern (Seite 16) aromatisiert mit Vanille; oder Orange und Schokolade; oder Zitrone und Orange.

rosafarbene und grüne oder orangefarbene Lebensmittelfarbe (nach Belieben)

2–3 EL Aprikosenmarmelade

300 g Marzipan (Seite 26), für den Schokoladenkuchen mit 3 EL gesiebtem Kakaopulver verknetet

1 Den Backofen auf 180 °C vorheizen. Eine flache Backform (18 cm x 18 cm) fetten und auslegen. Einen Streifen Pergamentpapier doppelt falten und fetten. Die Form damit in der Mitte teilen.

2 Den Teig anrühren, mit Vanille aromatisieren und halbieren. Eine Portion grün, die andere rosa einfärben. Alternativ eine Hälfte mit Schokolade, die andere mit Orange würzen oder für eine Hälfte Zitrone und für die andere Orange verwenden. Den Orangenteig mit etwas orangefarbener Lebensmittelfarbe dunkler tönen.

3 Die Teigportionen in die vorbereitete Form füllen, dabei muss der Pergamentstreifen in der Mitte bleiben. Die Trennlinie sollte möglichst gerade sein. Auf mittlerer Schiene 35–40 Minuten backen, dann stürzen und auf einem Kuchengitter abkühlen lassen.

4 Die Ränder des kalten Kuchens gerade schneiden. Die beiden Teigstreifen längs halbieren, um vier gleichförmige Stangen zu erhalten. Die Marmelade in einem kleinen Topf erhitzen und passieren. Jede Stange an zwei Seiten mit Marmelade bestreichen, dann mit versetzten Farben aufeinander legen.

5 Das Marzipan zu einem Rechteck ausrollen, das den Kuchen komplett einhüllt. Die Ränder gerade schneiden. Den Kuchen außen mit Marmelade bestreichen, auf das Marzipan legen und einwickeln. Die Ränder der Nahtstelle leicht anfeuchten und zusammendrücken.

6 An den beiden Oberkanten mit einem Marzipankneifer ein Muster eindrücken. Aus Marzipanresten Blüten, Blätter oder andere Dekorationen formen.

Sonnenaufgang

Gibt es etwas Besonderes zu feiern? Vielleicht eine Taufe oder ein neues Haus? Diese Torte mit dem optimistischen Sonnenmotiv passt immer und macht mit der plastischen Dekoration und den glitzernden Details mächtig Eindruck.

Ergibt 16–20 Stücke

heller Früchtekuchen, 24 cm x 18 cm (Seite 21)
2 EL Aprikosenglasur (Seite 26)
225 g Marzipan (nach Belieben, Seite 26)
550 g Zuckerpaste, evtl. etwas mehr als Reserve (Seite 30)
gelbe und blaue Lebensmittelfarbe
hellblaue Paillettenborte
gelber Dekorzucker
silberner „Moondust" (Glitzerzucker, der keine Feuchtigkeit aufsaugt)
türkisfarbene Zuckerperlen
Tortenplatte (25 cm x 25 cm)

1 Den Früchtekuchen rundum mit Aprikosenglasur bestreichen, dann nach Belieben zuerst eine Marzipandecke auflegen oder nur mit Zuckerpaste bedecken. Gut zwei Drittel der Zuckerpaste werden zum Überziehen des Kuchens verwendet, das knappe übrige Drittel ist für die Dekoration. Den Kuchen mit Zuckerpaste überziehen und auf die Platte setzen.

2 Zwei Drittel der Zuckerpaste für die Dekoration helltürkis einfärben (Blau und Gelb mischen), ein Drittel gelb tönen und in Frischhaltefolie wickeln. Ein Viertel der türkisfarbenen Paste ausrollen und den Plattenrand damit bedecken. Mit einem Zahnstocher ein Kreppmuster eindrücken (Seite 40). Den Rand der Platte und den unteren Rand des Kuchens mit der Paillettenborte verzieren.

3 Die gelbe Paste dick ausrollen. Einen Kreis (4–5 cm Ø) für die Sonne sowie 7–8 keilförmige Streifen für die Strahlen ausschneiden. Sonne und Strahlen von unten mit etwas Wasser befeuchten und auf den Kuchen legen.

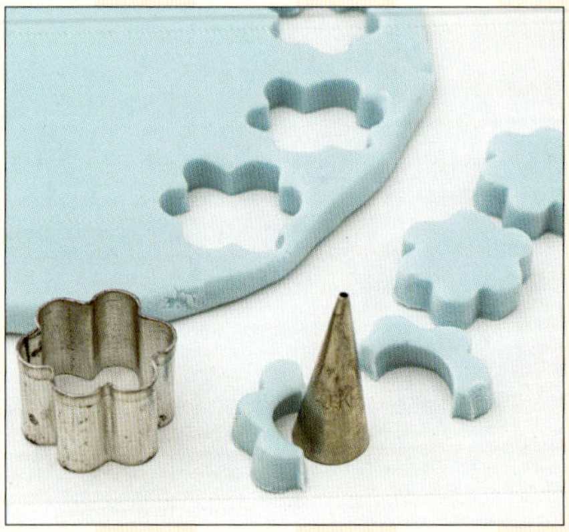

4 Die restliche türkisfarbene Paste recht dickt ausrollen, verschiedene wolkenartige Formen ausschneiden. Für Bögen eignen sich auch runde Ausstecher. Kleine Bögen können mit dem oberen Ende einer Spritztülle ausgestochen werden. Die Wolken wie Blütenblätter um die Sonne herum anordnen, einige mit den Fingern wölben und schräg stellen, um einen 3D-Effekt zu erzielen. Aus der restlichen türkisfarbenen Paste einige winzige Regentropfen ausschneiden und aufbringen.

5 Die Sonne mit gelbem Dekorzucker bestreuen. Den silbernen „Moondust" mit einem leicht angefeuchteten Pinsel auf die Wolken auftragen. Die türkisfarbenen Zuckerperlen mit etwas Glasur am Kuchensaum an den Ecken eindrücken.

Schokoladenverführung

Ein beeindruckender Schokoladenmantel und eine Dekoration aus winzigen Trüffeln macht aus einem einfachen Schokoladenkuchen ein delikates Kunstwerk, das sich auch bei wichtigen Anlässen sehen lassen kann.

Ergibt 8–12 Stücke

300 g Schlagsahne
2–4 EL Cognac, Whisky oder Cointreau
1 Rezept Genueser Biskuit mit Schokolade (18 cm Ø, Seite 16/17)
1 Rezept dunkle Ganache (Seite 41)
25 g Puderzucker, gesiebt
25 g Kakaopulver, gesiebt
Schokoladenblätter (Seite 42), zum Dekorieren

1 Die Sahne leicht schlagen. Ein Drittel der Sahne mit der Hälfte des Alkohols verrühren. Den Biskuit horizontal halbieren, die Böden mit der Alkoholsahne zusammensetzen und auf eine Platte legen.

2 Einen Streifen Alufolie in der Länge des Kuchenumfangs und der doppelten Höhe des Kuchens zuschneiden. Ein Drittel der warmen Ganache darauf verstreichen. Ein Rand schließt gerade mit der Folie ab, der andere soll schön unregelmäßig gewellt sein. Abkühlen, aber nicht ganz erstarren lassen.

3 Die restliche Ganache halbieren. Unter eine Portion die Hälfte der restlichen Sahne rühren, dann die Masse locker verquirlen, bis sie streichfähig ist und auf Oberfläche und Seiten des Kuchens verteilen.

4 Für die Trüffel die restliche Ganache mit der restlichen Menge Alkohol, Sahne und dem Puderzucker verrühren. Verquirlen, dann zum Erstarren in den Kühlschrank stellen.

5 Den abgekühlten Schokoladenmantel um den Kuchen legen, mit der welligen Kante nach oben. Gleichmäßig andrücken, dann die Alufolie vorsichtig ablösen und die Nahtstelle versiegeln. Im Kühlschrank fest werden lassen.

6 Die Hände mit Kakao bestäuben und aus je 1 TL der gekühlten Trüffelmasse Kugeln rollen. Nochmals kühlen. Vor dem Servieren die meisten Trüffel auf den Kuchen legen, einige zum Garnieren der Platte verwenden. Mit Kakao bestäuben und mit Schokoladenblättern verzieren.

Beerenernte

So realistische Himbeeren und Brombeeren kann man mit etwas Zeit und Geduld selbst formen. Relief-Früchte zum Garnieren der Seiten werden in Model gepresst. Solche Model gibt es in vielen Formen, auch für Blatt- und Fruchtgruppen. Am besten verwenden Sie für diese Torte Model und Ausstechformen.

Ergibt 10–12 Stücke

heller Früchtekuchen (20 cm Ø, Seite 21)
450 g Marzipan (Seite 26)
675 g Zuckerpaste (Seite 30)
himbeerrosafarbene, brombeerrote und blattgrüne Lebensmittelfarbe (Gel- oder Pulverform)
225 g Blütenpaste oder Pastillage (Pulver)
Speisestärke, zum Bestäuben
feiner Floristendraht
grünes und braunes Floristenband
essbarer Klebstoff
Steckschaum
Tortenplatte (25 cm Ø)

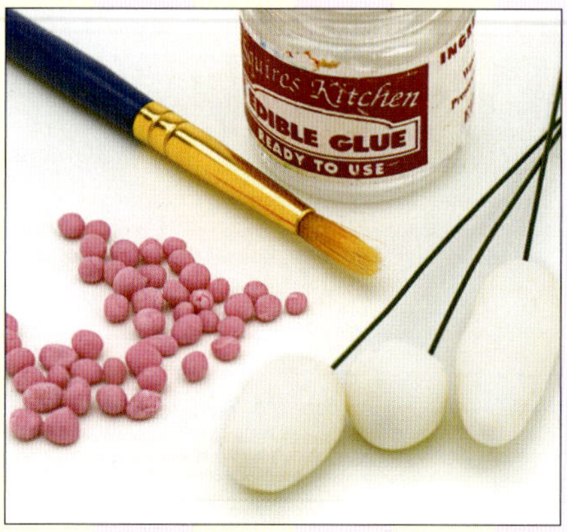

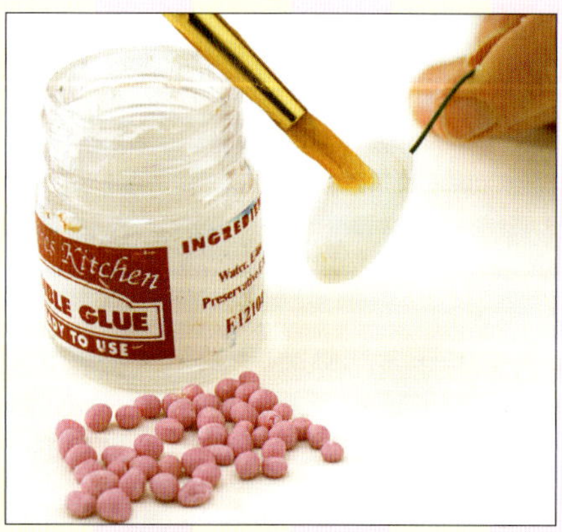

1 Den Kuchen in Marzipan hüllen. Drei Viertel der Zuckerpaste (ca. 500 g) mit Himbeerrosa einfärben und den Kuchen damit überziehen. Die Tortenplatte zuerst mit weißer Zuckerpaste bedecken, darauf eine Schicht blattgrün gefärbter Paste legen.

2 Die Blütenpaste nach Packungsanweisung anrühren, gut durchkneten und vierteln. Eine Portion der Masse zum Ausfüllen der Beerenmodel verwenden, die leicht mit Speisestärke eingestäubt werden. Die Beeren herausnehmen und an einem warmen, trockenen Ort mindestens 24 Stunden trocknen lassen, dann mit verdünnter Gel- oder Pulverfarbe bemalen.

3 Ein weiteres Viertel der Blütenpaste mit Himbeerrosa einfärben. Aus weißer Paste 15 erbsengroße Kugeln oder Ellipsen formen und auf 15 Floristendrahtstücke stecken. Damit der Draht hält, wird er mit essbarem Kleber bestrichen und am Ende hakenförmig umgebogen. 1–2 Stunden lang trocknen lassen.

4 Für jede Beere aus der rosafarbenen Paste 20–30 winzige Kügelchen rollen und mit essbarem Kleber an den gedrahteten Kugeln fixieren. Mit den Fingern andrücken, dann die Drähte in ein Stück Steckschaum (Floristenbedarf) stecken und 1–2 Stunden lang trocknen lassen.

5 Für die Kelchblätter der Beeren die restliche Blütenpaste grün färben. Ein kleines Stück ausrollen, einen Kelch ausschneiden und die Ränder mit einem Modellierwerkzeug nacharbeiten. Auf ein Stück Schaumstoff legen, dann die Mitte schalenförmig eindrücken. Den Draht einer Beere durch die Mitte stecken und den Kelch mit etwas Klebstoff an der Beere befestigen. Die Blattenden über einem Pinselstiel umbiegen.

6 Aus der grünen Zuckerpaste Blätter ausschneiden, Blattadern einkerben und die Blätter natürlich wellen. Mit essbarem Klebstoff an den Drähten befestigen und alles unter einer Lampe einen ganzen Tag lang aushärten lassen.

7 Die Beeren mit natürlichen Farbtönen nachmalen. Je 2–3 Beeren und Blätter zusammenfassen, die Drähte verdrillen und mit grünem Floristenband umwickeln.

8 Die Fruchtranken auf den Kuchen legen, die Relieffrüchte mit essbarem Kleber an der Seite befestigen.

Blütenblättertorte

Wie wäre es statt des üblichen Blumenstraußes zum Muttertag mit dieser zauberhaften Torte? Statt Rosen können Sie auch Freesien verwenden und die Glasur farblich auf die Blüten abstimmen.

Ergibt 6–8 Stücke

Madeira- oder heller Früchtekuchen (20 cm Ø, Seite 18/19)
2 EL Aprikosenglasur (Seite 26)
350 g Marzipan (Seite 26)
Tortenplatte (25 cm Ø)
Seidenpapier
3–4 Rosenblüten
1 kleines Eiweiß, leicht verquirlt
25 g Feinstzucker
450 g Zuckerpaste (Seite 30)
Lebensmittelfarbe im Ton der Rosen
grüner Dekorzucker

1 Mithilfe der Vorlage von Seite 96 den Kuchen in Blütenblattform schneiden. Mit Aprikosenglasur bestreichen und eine Marzipandecke auflegen. Einige Stunden trocknen lassen. Die Tortenplatte mit Papier im Farbton der Blüten überziehen.

2 Blütenblätter abzupfen. Nur makellose Exemplare auf ein mit Pergamentpapier bedecktes Brett legen. Das feste Innere von zwei Blüten beiseite legen.

3 Die losen Blütenblätter dünn mit Eiweiß bepinseln, dann relativ dick und gleichmäßig mit Zucker bestreuen. Einige Stunden auf dem Papier trocknen lassen.

4 Ein Fünftel der Zuckerpaste beiseite legen. Den Rest passend zu den Blüten einfärben oder marmorieren und den Kuchen damit überziehen. Dann den Kuchen auf die Platte setzen.

5 Die verbliebene Zuckerpaste halbieren und nach Belieben unterschiedlich einfärben. Mithilfe einer Strangpresse zwei Stränge für den unteren Tortenrand formen (Länge vorher ausmessen) und diese zu einer Kordel drehen.

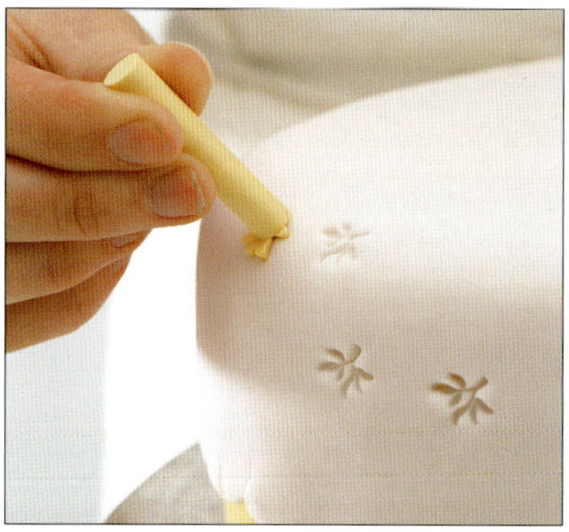

6 Mit einem kleinen Blütenprägestempel ein Streublümchenmuster in die Tortenoberfläche drücken. In die Vertiefungen grünen Dekorzucker pinseln.

7 Einige gezuckerte Blütenblätter auf dem Kuchen und der Platte verteilen, die Platte zusätzlich mit den beiden ganzen Blüten dekorieren.

Zuckerblüten

Gezuckerte Blütenblätter von Rosen und anderen Blumen halten sich in einer luftdicht schließenden Dose einige Wochen. Um überschüssige Feuchtigkeit zu binden, legen Sie ein Beutelchen mit Salz oder Silica-Gel-Kristallen dazu.

Dankeschön mit Schmetterlingen

Ein kleiner, liebevoll verzierter Kuchen ist ein hübsches Dankeschön. Backen Sie doch ein größeres Quadrat (20 cm x 20 cm), das Sie vierteln. Die übrigen Stücke werden eingefroren, so haben Sie immer die Basis für ein Geschenk zur Hand.

Ergibt 2–4 Stücke

dunkler Früchtekuchen (Seite 20) oder Madeira-Kuchen (Seite 18), auf 10 cm x 10 cm zurechtgeschnitten
1 EL Aprikosenglasur (Seite 26)
175 g Marzipan (Seite 26)
1/2 Rezept Eiweißspritzglasur (Seite 28)
rosa- und lavendelfarbene Lebensmittelfarbe (Pulver)
1 Rezept Eiweißspritzglasur ohne Glycerin
weiße und farbige Staubgefäße (Fertigprodukt)
2–3 gewaschene, echte Blätter

1 Den Kuchen mit Aprikosenglasur bestreichen und eine Marzipandecke auflegen. 24 Stunden trocknen lassen. An den nächsten Tagen den Kuchen einmal mit weißer und zweimal mit lavendelfarbener (normaler) Eiweißspritzglasur überziehen, jeweils gut trocknen lassen.

2 Die Eiweißspritzglasur ohne Glycerin anrühren, je eine Hälfte rosa- und lavendelfarben einfärben. Mithilfe der Vorlage auf Seite 96 die Konturen von 6–8 kleinen Schmetterlingen spritzen (Seite 37), nach dem Trocknen die Flächen lavendelfarben ausgießen und rosafarbene Tupfen aufsetzen. An einem kühlen Platz aushärten lassen.

3 3–4 mittelgroße rosafarbene Schmetterlinge mit lilafarbenen Tupfen herstellen. Weiße Staubgefäße als Fühler ansetzen, ehe die Glasur ganz hart ist. Die Flügel mit winzigen Tupfen Glasur schräg an die Körper ansetzen und beim Trocknen mit Schaumstoff- oder Schwammstücken abstützen.

4 Mit der restlichen lavendelfarbenen Glasur ein Muster aus Zickzack-Linien und Tupfen auf die Oberkante des Kuchens spritzen. Ein Bündel farbiger Staubgefäße und die Blätter auf dem Kuchen befestigen, einen großen Schmetterling darauf fixieren. Nach Belieben weitere Schmetterlinge an die Seiten setzen, einige zum Verzieren der Verpackung aufbewahren.

5 Eine kleine Tortenschachtel mit Seidenpapier auslegen und den Kuchen verpacken.

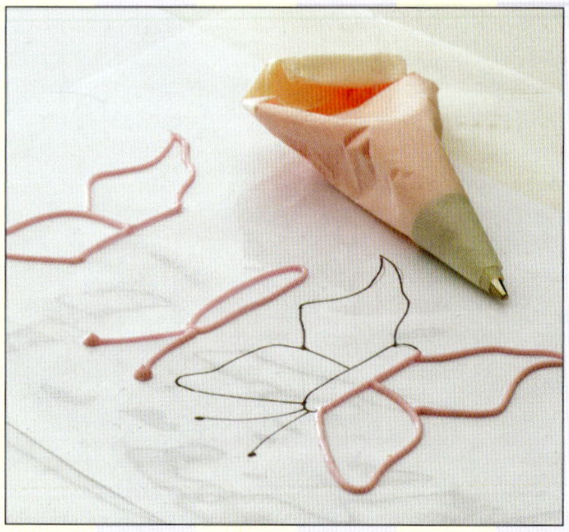

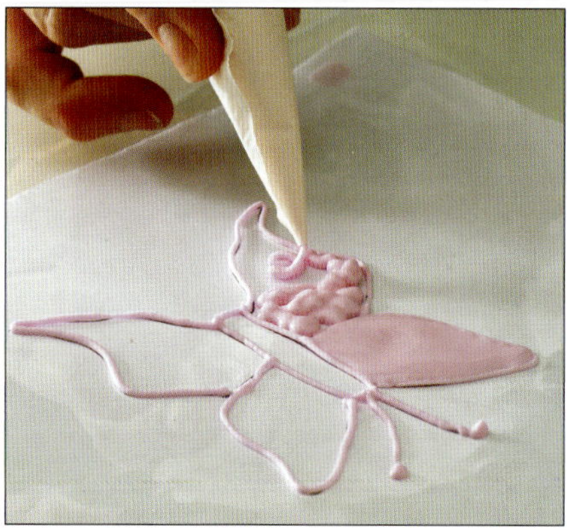

Frühlingstorte

Diese frische Dekoration passt gut zu Ostern und anderen Frühlingsfesten. Sie könnten auch einen lockeren Biskuit mit Zitronenaroma als Grundlage nehmen oder einen Madeira-Kuchen mit einer Lage Marzipan in der Mitte.

Ergibt 16–20 Stücke

heller Früchtekuchen (20 cm Ø, Seite 21)
3 EL Aprikosenglasur (Seite 26)
450 g Marzipan (Seite 26)
1 Rezept Eiweißspritzglasur (Seite 28)
175 g Blütenpaste oder Pastillage (Fertigprodukt)
gelbe und blattgrüne Lebensmittelfarbe
gelbes Zierband
Tortenplatte (25 cm Ø)

1 Den Kuchen mit Aprikosenglasur bestreichen und eine Marzipandecke auflegen. Kuchen und Platte mit Eiweißspritzglasur überziehen und trocknen lassen. 2–3 EL Glasur zum Fixieren der Blüten und für die Blütenmitten aufbewahren.

2 Die Blütenpaste nach Packungsanweisung anrühren. Ein Drittel hellgrün einfärben, ein weiteres Drittel gelb. 12 große und 12 kleine weiße sowie 12 kleine gelbe Blüten ausstechen. Mit einem Zahnstocher die Blütenblätter realistisch modellieren.

3 In die Mitte jeder gelben Blüte einen Punkt aus weißer Eiweißspritzglasur setzen. Etwas Glasur hellgelb eintönen und Punkte in die Mitte der weißen Blüten setzen.

4 Das letzte Drittel der Blütenpaste grün einfärben, daraus 26–30 Blätter ausstechen und die Maserung mit Zahnstocher oder Model eindrücken. Die Blätter leicht biegen, damit sie natürlicher aussehen. Zum Trocknen beiseite stellen.

5 Kleine Blüten und Blätter am unteren Tortenrand fixieren. In der Mitte der Oberfläche mehrere Blüten und Blätter locker aufhäufen.

6 Aus zwei Stücken gelbem Band (Länge vorher abmessen) eine „Bauchbinde" um den Kuchen legen. Eventuell übrig gebliebene Blüten und Blätter auf der Tortenplatte verteilen.

Herzlichen Glückwunsch

Es gibt Geburtstage, die etwas „größer" gefeiert werden als andere – da spielt das Alter gar keine Rolle. Kerzen und Wunderkerzen, Bänder und viel Glamour verbreiten hier die richtige Festtagsstimmung.

Ergibt 16–18 Stücke

100 g Pastillage (Fertigprodukt)
Lebensmittelfarbe in Sonnengelb, Orange und Terrakotta (Paste)
essbarer Klebstoff
Golddraht
4–6 winzige Styroporkugeln
Dekorzucker in Bronze und Gold
Speisestärke, zum Bestäuben
100 g Butterglasur mit Zitrone (Seite 23)
Madeira-Kuchen (24 cm Ø, Seite 18/19)
550 g Zuckerpaste (Seite 30)
Seiden- oder Küchenpapier
Tortenplatte (28 cm Ø), mit bronzefarbenem Geschenkpapier bezogen
lange Partykerzen, Wunderkerzen, feines Goldband, kleine Partydekorationen

1 Die Pastillage nach Packungsanweisung zubereiten und kräftig sonnengelb einfärben. Die Hälfte der Menge mit Orange und Terrakotta marmorieren, den Rest fest in Frischhaltefolie wickeln und beiseite stellen.

2 Die marmorierte Pastillage dünn ausrollen und 20 lange, schmale Dreiecke für die „Flammen" der Mitteldekoration ausschneiden. Die Hälfte der Dreiecke mit Klebstoff an Golddrähten befestigen. Die übrigen Dreiecke über ein Backrolle legen, sodass sie sich wölben. Trocknen lassen.

3 Die Styroporkugeln auf Drähte stecken. Die Hände mit Speisestärke bestäuben, eine haselnussgroße Kugel gelber oder marmorierter Pastillage in der Handfläche flach drücken und um die angefeuchtete Styroporkugel wickeln, um einen Miniluftballon zu formen. Trocknen lassen und mit Gold bemalen oder überstäuben. Alle Dekorationen mindestens einen Tag trocknen lassen.

4 1–2 EL Butterglasur beiseite stellen, mit dem Rest den Kuchen überziehen. Die restliche Pastillage mit etwas Zuckerpaste verkneten und zu einer dicken Scheibe von 5 cm Ø formen. In die Mitte der Kuchenoberfläche legen.

5 Die Zuckerpaste in kräftigem Orange einfärben, zu einem Kreis (gut 40 cm Ø) ausrollen und mittig auf den Kuchen legen. Die Mitte sternförmig einschneiden, die Ecken nach außen biegen und mit etwas geknülltem Seiden- oder Küchenpapier stützen. Die Paste an den Seiten des Kuchens andrücken, den unteren Rand sauber abschneiden. Auf die Tortenplatte legen, mit Bronzepulver überstäuben und einen Tag ruhen lassen.

6 Die orangefarben marmorierten Flammen mit etwas Butterglasur in der Mitte befestigen. Die Drähte der restlichen Flammen und Ballons in die Mitte stecken. Kerzen, Wunderkerzen, Goldband und andere Dekorationen zufügen. Unmittelbar vor dem Servieren die Kerzen und Wunderkerzen anzünden.

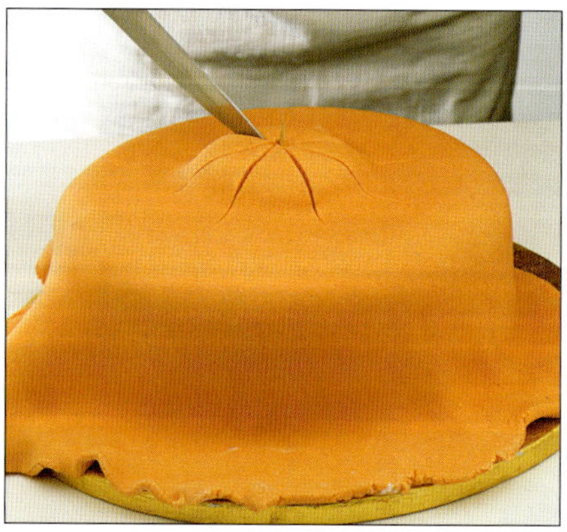

Geburtstagsüberraschung

Diese kleinen Würfel können Sie in jeder Farbkombination verzieren. Teenager finden vielleicht eine Kreation ganz in Weiß edel, kleinere Kinder stehen auf bunte Bonbonfarben. Rechnen Sie zuerst anhand Ihrer Formgröße die Würfelformate aus. Die größeren Würfel bestehen aus zwei Schichten!

Ergibt 16–20 Stücke

- Madeira-Kuchen mit 10 Eiern (Seite 18/19), (28 cm x 28 cm oder 35 cm x 22 cm)
- 2 Rezepte Butterglasur (Seite 23)
- 1 kg Zuckerpaste (Seite 30)
- blaue Lebensmittelfarbe
- blaue und weiße Schokoladendragees, zum Dekorieren
- Tortenplatte (20 cm x 20 cm)

1 Den Kuchen abkühlen lassen, dann in Quadrate mit folgenden Kantenlängen schneiden: 11 cm, 8 cm, 6 cm und 3 cm. Für die größeren Würfel brauchen Sie zwei Schichten, die mit Glasur zusammengefügt werden. Aus dem restlichen Teig werden Miniwürfel geschnitten, die um den Turm verteilt werden.

2 Der Turm erhält seine witzige, wackelige Form, weil die beiden mittleren Würfel schräg angeschnitten sind. Alle Teigwürfel bis zur Verarbeitung einzeln in Frischhaltefolie wickeln.

3 Die Hälfte der Zuckerpaste blau einfärben, in Frischhaltefolie wickeln und beiseite stellen. Die Hälfte der weißen Zuckermasse ausrollen und ein Quadrat (11 cm x 11 cm) zuschneiden. Eine Seite des größten Würfels mit Butterglasur bestreichen, das Quadrat ansetzen und andrücken.

4 Die übrigen vier Quadrate müssen minimal größer ausfallen, darum vor dem Zuschneiden den Würfel nochmals nachmessen. Die Zuckerpaste andrücken und die Nähte versiegeln.

5 Die restlichen Würfel ebenso umhüllen, dabei die Ecken sehr sorgfältig verarbeiten, damit sie scharf bleiben. Die beiden mittleren Würfel vorher unten schräg anscheiden. Mit der restlichen Zuckerpaste die Tortenplatte bedecken.

6 Alle Würfel mit etwas Butterglasur dazwischen aufeinander türmen und einige Stunden zum Erstarren beiseite stellen. Kurz vor dem Servieren die Schokodragees mit etwas Butterglasur befestigen.

Volljährig

Es muss nicht der Achtzehnte oder Einundzwanzigste sein – so ein Berg liebevoll verzierter Minikuchen passt zu jedem Alter und fast jedem Anlass. Beschränken Sie sich auf wenige, ausdrucksvolle Farben, dann können Sie fast beliebig viele Dekorationsideen ausprobieren. Und backen Sie reichlich, denn diese Kuchen werden reißenden Absatz finden.

Ergibt etwa 30 Stück

Backförmchen aus Silberpapier
1 Rezept Karottenkuchen (Seite 52)
450 g Eiweißspritzglasur (Seite 28)
blaugraue Lebensmittelfarbe
(evtl. mischen)
50 g Zuckerpaste (Seite 30)
Kerzen, Zuckerperlen und Tüllstreifen,
zum Dekorieren
silberner und blauer Glitzerzucker
Gebäck-Etagere mit zwei oder
drei Ebenen
silbernes und blaues Zierband

1 Den Backofen auf 180 °C vorheizen. 30 Förmchen in Muffinbleche setzen. Den Teig anrühren und in die Förmchen verteilen. 20 Minuten backen, bis der Teig hellbraun ist und sich elastisch anfühlt. Auf Kuchengittern abkühlen lassen.

2 Die Hälfte der Eiweißspritzglasur hellblau einfärben. Die Hälfte der Kuchen blau überziehen, die andere Hälfte weiß. Vor dem Aushärten der Glasur das Alter des Geburtstagskindes mit silbernen Zuckerperlen auf einige Kuchen legen. Über Nacht trocknen lassen. Etwas Eiweißspritzglasur zurückbehalten und abdecken.

3 Die Hälfte der Zuckerpaste blau einfärben oder marmorieren. Dünn ausrollen und Sterne oder Blüten ausstechen. Aus der restlichen Masse Stränge formen und aus diesen kleine Zahlen biegen. Die Dekorationen trocknen lassen.

4 Die zurückbehaltene Eiweißspritzglasur kräftig blau einfärben und verschiedene Muster auf einige Kuchen spritzen: Punkte, Gitter, Zickzacklinien, Kreise oder Blüten. Sie könnten auch verschiedene Blautöne zu einfachen Mustern kombinieren. Verzieren Sie jeweils einige Kuchen mit Glitzerzucker, Sternen, Blüten oder Kerzen. Alles trocknen lassen.

5 Zum Servieren alle Kuchen auf einer zwei- oder dreistöckigen Gebäck-Etagere aufhäufen. Die Kerzen müssen unbedingt senkrecht stehen. Den Fuß der Etagere mit den Zierbändern umwickeln und die Kerzen anzünden.

Tipps für Minikuchen

Wenn Sie ganz kleine Minikuchen backen wollen, die man mit einem Bissen verzehrt, nehmen Sie Pralinenförmchen. Die Backzeit reduziert sich dann auf 10–15 Minuten, auch die Dekoration sollte dann winzig sein.

21

Zum Valentinstag

Die schmalen Dekorstreifen in Pastellfarben sehen sehr edel aus, doch perfekt wird diese Torte erst durch die silbernen Zuckerperlen und die plastische Dekoration.

Ergibt 6–8 Stücke

Madeira-Kuchen (Seite 18),
in einer 18-cm-Herzform gebacken
3 EL Aprikosenglasur (Seite 26)
oder 3 EL Butterglasur (Seite 23)
375 g Marzipan (Seite 26)
450 g Zuckerpaste (Seite 30)
rote Lebensmittelfarbe
essbarer Klebstoff
Tortenplatte in Herzform (ca. 23 cm Ø)
weißes Seidenpapier
silberfarbene Zuckerperlen
dunkelrosafarbenes Band

1 Den Kuchen mit Aprikosenglasur bestreichen und in Marzipan einhüllen. Etwa einen Tag trocknen lassen. Zwei Drittel der Zuckerpaste hellrosa einfärben und den Kuchen damit überziehen. Die restliche Paste derweil in einen kleinen Gefrierbeutel packen.

2 Zur Diagonale der Kuchenoberfläche die doppelte Höhe der Seiten addieren. Die restliche Zuckerpaste dunkelrosa einfärben und zu einem 7–8 cm breiten Streifen in der ermittelten Länge ausrollen. In mehrere schmale Streifen schneiden – wie Bandnudeln.

3 In etwa der Mitte des Kuchens ist der längste Streifen erforderlich. Mit einem Lineal hier über Oberfläche und Seiten eine Linie aus essbarem Kleber auftragen, den Streifen aus Zuckerpaste auflegen und leicht andrücken. Die übrigen Streifen ebenso mit exakt 2 cm Abstand anbringen und am unteren Rand sauber abschneiden. Die restliche Zuckerpaste aufbewahren.

4 Eine herzförmige Platte mit weißem Seidenpapier überziehen. Den Kuchen darauf setzen. Die restliche Zuckerpaste dünn ausrollen und Herzen in verschiedenen Größen ausstechen. Kleine Herzen auf den Plattenrand legen, etwas größere auf die Kuchenseiten – wo keine Streifen sind – kleben.

5 Größere Herzen ausstechen und bei einigen die Mitte mit einer kleineren Herzform ausstechen. Die kleinen Herzen auf große setzen. Die Formen trocknen lassen, damit sie in der Mitte des Kuchens aufrecht stehen. Sie werden mit essbarem Klebstoff oder etwas weicher Glasur fixiert. Zum Schluss einzelne Zuckerperlen aufkleben und Zierband um den Plattenrand legen.

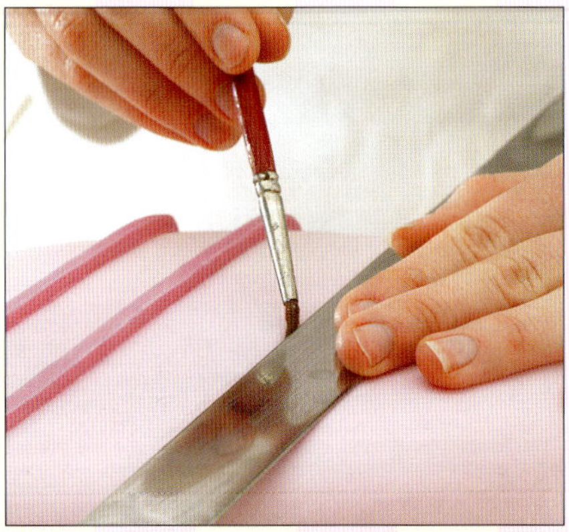

Verlobungsring

Das Ringmotiv eignet sich auch für Hochzeiten oder Hochzeitstage sehr gut. Zur goldenen Hochzeit könnten Sie die Zuckerpaste mit goldener Lebensmittelfarbe kolorieren.

Ergibt 16–20 Stücke

100 g Blütenpaste oder Pastillage (Fertigprodukt)
veilchenblaue Lebensmittelfarbe
Speisestärke, zum Bestäuben
6–8 EL Eiweißspritzglasur (Seite 28)
silber- oder perlmuttfarbene Zuckerperlen
silberfarbener Dekorpuderzucker
Mehl, zum Bestäuben
1 Rezept Madeira-Kuchen mit 3 Eiern (Seite 18)
quadratische Tortenplatte (28 cm x 28 cm)
50 g Butterglasur (Seite 23)
1 kg Zuckerpaste (Seite 30)
frische weiße Blüten

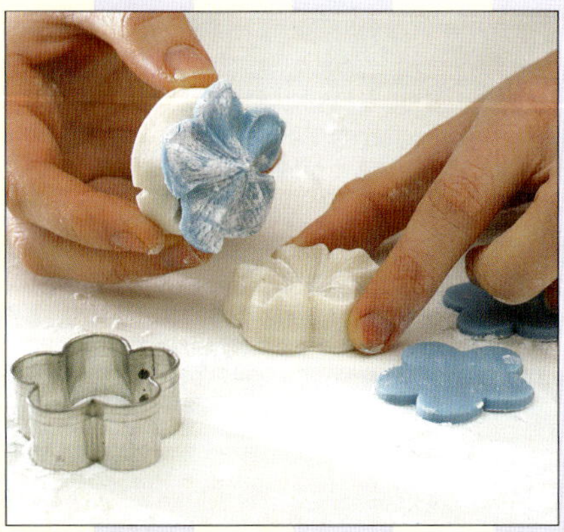

1 Die Blütenpaste oder Pastillage nach Packungsanweisung zubereiten. Verschiedene Blüten in Weiß und Blau ausstechen und in einem mit etwas Speisestärke bestäubten Model formen. Mit etwas Glasur silber- oder perlmuttfarbene Zuckerperlen in den Zentren befestigen. Einige Rosenblätter (nicht Blütenblätter) herstellen und mit Dekorpuderzucker bestäuben. Trocknen lassen.

2 Den Backofen auf 180 °C vorheizen. Eine Savarin- oder Ringform (23 cm Ø) fetten und mit Mehl ausstäuben. Den Teig einfüllen, glatt streichen und 40–50 Minuten backen – Garprobe durchführen. In der Form abkühlen lassen.

3 Den Kuchen aus der Form nehmen und vor dem Überziehen 1–2 Stunden ins Gefrierfach stellen. Die Tortenplatte mit Eiweißspritzglasur überziehen. Die Unterseite des halb gefrorenen Kuchens gerade schneiden, sodass er flach aufliegt, oben so zurechtschneiden, dass ein ganz glatter, halbrunder Ring entsteht.

4 Den Kuchen mit Butterglasur bestreichen. Die Zuckerpaste zu einem Kreis ausrollen, der 5–8 cm größer als der Ring ist. Die Zuckerpastendecke mithilfe einer Backrolle anheben und über dem Kuchen abrollen. Dabei soll die Paste gut ins mittlere Loch des Kuchens einsinken. Den Überzug rundum andrücken und glätten.

5 Den Kuchen umdrehen. Die Mitte der Zuckerpaste einschneiden, den Überstand vorsichtig um den Innenrand legen. Außen überstehende Zuckerpaste um den Außenrand des Kuchens legen. Alle Nahtstellen sorgfältig versiegeln.

6 Den Kuchen wieder umdrehen und mit einem Schaber alle Falten in der Zuckerpaste glätten. Mit Dekorpuderzucker bestäuben und auf die Tortenplatte setzen.

7 Die großen Blüten mit Eiweißspritzglasur oben befestigen, die kleineren Blüten ringsum anordnen. Restliche Dekorblüten und frische Blumen auf der Platte verteilen.

Schachmatt

Wäre dieser üppige Schokoladenkuchen etwas für den Mann Ihres Lebens? Wer ihn zu einer Partie herausfordern möchte, könnte einen größeren Kuchen mit 8 x 8 Feldern backen und einen kompletten Satz Schokoladenschachfiguren darauf setzen. Allerdings kann der Kuchen dann erst nach dem Spiel angeschnitten werden.

Ergibt 18–20 Stücke

450 g Zuckerpaste (Seite 30), vermischt mit 50 g geschmolzener dunkler oder weißer Schokolade (siehe Schritt 1); oder alternativ 450 g Schokolade-Modellierpaste (Fertigprodukt)
Puderzucker, gesiebt (bei Bedarf)
2 Rezepte Madeira-Kuchen (Seite 18), aromatisiert mit 1 EL Instant-Kaffee (in 2 EL kochendem Wasser gelöst) und in einer quadratischen Form (23 cm x 23 cm) gebacken
1/2 Rezept Butterglasur (Seite 23), aromatisiert mit Kaffee oder Schokolade
Tortenplatte (25 cm x 25 cm)
Goldband und schmales, braunes Band, zu Kordeln gedreht
je 75 g weiße und dunkle Schokolade
je 1/2 Rezept weiße und dunkle Ganache (Seite 41)

1 Die Zuckerpaste geschmeidig kneten. Auf einer kühlen Arbeitsfläche langsam die geschmolzene Schokolade einheitlich unterkneten. Bei Bedarf gesiebten Puderzucker zufügen.

2 Den Kuchen mit der dunklen Butterglasur überziehen. Ein Drittel der Schokoladenzuckerpaste zu einem Quadrat in der Größe der Kuchenoberfläche ausrollen und akkurat auflegen. Vier Stücke für die Seiten ausrollen und andrücken, die Nahtstellen glätten und scharf nachformen.

3 Den Kuchen auf die Tortenplatte setzen. Ober- und Unterkante mit selbst gedrehter Kordel verzieren. Die Kuchenoberfläche erstarren lassen.

4 Weiße und dunkle Schokolade separat schmelzen, jede auf einem Stück Alufolie dünn ausstreichen und etwas abkühlen lassen. Vor dem völligen Aushärten in jeder Farbe mindestens 20 kleine Quadrate ausstechen oder -schneiden – lieber mehr, es könnten einige zerbrechen.

5 Die Ganache herstellen und auf spritzfähige Konsistenz abkühlen lassen. Auf Pergamentpapier in jeder Farbe 10–12 möglichst hohe, spitze Rosetten spritzen. Sie könnten die weißen und dunklen Rosetten auch unterschiedlich formen. Im Kühlschrank erstarren lassen.

6 Die Schokoladenquadrate mit etwas Butterglasur oder geschmolzener Schokolade auf dem Kuchen befestigen, dann die Schokoladenrosetten aufsetzen.

Eisblauer Winter

Probieren Sie doch zu Weihnachten einmal diese witzige Torte statt der Klassiker. Das Modellieren der Pinguine ist so einfach, dass es auch Kindern gelingt – allerdings könnten die Finger schwarz werden.

Ergibt 10–12 Stücke

dunkler Früchtekuchen (Seite 20), in ovaler Form (ca. 20 cm x 15 cm) gebacken
Aprikosenglasur (Seite 26)
450 g Marzipan (Seite 26)
1 Rezept Eiweißspritzglasur (Seite 28)
hellblaue und orangefarbene Lebensmittelfarbe
silberne, ovale Tortenplatte (25 cm)
100 g schwarze Zuckerpaste (Fertigprodukt)
100 g Zuckerpaste (Seite 30)
essbarer Klebstoff
gelber Dekorzucker
transparenter Glitzerdekorzucker
hellblaues Zierband

1 Den Kuchen mit Aprikosenglasur bestreichen und eine Marzipandecke auflegen. Die Oberseite mit weißer Eiweißspritzglasur überziehen. Die restliche Eiweißspritzglasur hellblau einfärben und für die Seiten verwenden (etwas für den „Teich" zurückbehalten). Den Kuchen auf die Platte setzen.

2 Für jeden Pinguin eine kleine Kugel aus schwarzer Zuckerpaste sowie zwei gleich große Kugeln in Schwarz und Weiß für Rumpf und Flügel formen. Für die Füße etwas Zuckerpaste mit Orange einfärben.

3 Die beiden Kugeln für den Körper an je einer Seite flach drücken und mit etwas essbarem Klebstoff zusammensetzen. Überschüssigen Klebstoff sorgfältig abwischen. Den Rumpf zu einer Birnenform modellieren, oben und unten etwas flach drücken. Mit einer kleinen Schere die schwarze Masse seitlich einschneiden und die Flügelspitzen leicht nach vorne biegen. Einen kurzen Bürzel formen. Den Kopf mit etwas Wasser ansetzen. Möglichst lange trocknen lassen.

4 Die orangefarbene Zuckerpaste ausrollen und kleine Kreise ausschneiden. Eine Seite abflachen, dann die Kreise halbieren, um ein Paar Füße zu erhalten. Die Füße mit etwas Klebstoff ansetzen. Weiße Augen aufspritzen, schwarze Pupillen aufmalen. Einen orangefarbenen Schnabel formen und ansetzen. Alles gut trocknen lassen. Zum Schluss etwas gelben Dekorzucker auf die Brust stäuben. (Vorsicht, er ist sehr intensiv.)

5 Auf der Oberfläche des Kuchens die Kontur für das Wasserloch aufzeichnen. Die Kontur mit weicher, blauer Eiweißspritzglasur nachspritzen (Seite 34). Nach dem Aushärten die blaue Eiweißspritzglasur stärker verdünnen und die „Wasserfläche" ausgießen. Trocknen lassen.

6 Entlang der Oberkante etwas weiße Glasur recht unregelmäßig auftragen und über die Kante nach unten tropfen lassen. Weitere Glasur auf der Tortenplatte verteilen. Mit Glitzerdekorzucker bestreuen. Etwas weiße Eiweißspritzglasur in einen winzigen Spritzbeutel geben und feine Linien an den Rand des Wasserlochs spritzen.

7 Die Pinguine mit etwas Eiweißspritzglasur auf dem Kuchen und der Platte befestigen. Den Plattenrand mit einem Band verzieren.

Winterwunderwald

Dieser prächtige Kuchen ist erstaunlich schnell und einfach gemacht. Die ausgestochenen Dekore müssen einen Tag trocknen, sollten also vorbereitet werden. Am schönsten schimmert der Kuchen im Kerzenlicht.

Ergibt 10–12 Stücke

175 g Blütenpaste (Fertigprodukt)
Sternausstecher, klein und mittelgroß
Golddrähte
goldene Lebensmittelfarbe, flüssig
Ausstecher für Schneeflocken und Sternschnuppe
560 g Zuckerpaste (Seite 30)
hellgrüne Lebensmittelfarbe
grüner Glitzerdekorzucker
Tannenbaumausstecher (5 cm hoch)
dunkler Früchtekuchen (20 cm Ø, Seite 20)
Aprikosenglasur (Seite 26)
450 g Marzipan (Seite 26)
runde Tortenplatte (25 cm Ø)
grün glitzerndes Zierband
essbarer Klebstoff oder Eiweißspritzglasur, zum Befestigen
1 Orchideenröhrchen aus Kunststoff

1 Die Blütenpaste nach Packungsanweisung zubereiten. Etwas Paste ausrollen und 30–40 Sterne verschiedener Größen ausstechen. Je drei an einen Golddraht kleben und aushärten lassen. Einige Sterne golden bemalen.

2 Einen Streifen Blütenpaste ausrollen, Schneeflocken- oder Sternschnuppen ausstechen. Mit einem Pinsel vorsichtig anheben und einige an Golddrähte kleben.

3 100 g Zuckerpaste für die Bäume abwiegen. Drei Viertel mit grüner Lebensmittelfarbe und Glitzerzucker verkneten. Beide Farben 3 mm dick ausrollen und weiße und grüne Bäume ausstechen. Trocknen lassen.

4 Den Kuchen mit Aprikosenglasur bestreichen. Mit Marzipan und anschließend mit Zuckerpaste überziehen. Die Tortenplatte ebenfalls mit Zuckerpaste überziehen. Vor dem Trocknen der Glasur mit der stumpfen Seite der Ausstechformen Sternschnuppen und Schneeflocken in die Oberfläche des Kuchens und der Tortenplatte prägen. Einige der größeren Motive mit Gold nachmalen. Kuchen und Platte auf eine größere Platte in einer kräftigen Farbe legen.

5 Das grüne Zierband um den Kuchen legen. Die grünen Bäume mit etwas Kleber oder Eiweißspritzglasur rundum befestigen. 3–4 weiße Bäume aufrecht mit etwas Glasur auf dem Kuchen befestigen.

6 Hinter den stehenden Bäumen ein Loch in den Kuchen stechen, das Orchideenröhrchen einsetzen und eine kleine Kugel Zuckerpaste hineinlegen. Die Drähte mit den angeklebten Sternen hineinstellen. Vorsicht, die Sterne brechen leicht ab.

Bûche de Noël

Dieser feine Weihnachtskuchen gelingt noch in letzter Minute. Traditionell füllt man den Biskuit mit Schokoladencreme, Sie können aber auch andere Aromen wählen. Mit Vollkornmehl und Nüssen ist der Biskuit gehaltvoller. Der Teig kann frühzeitig gebacken, gefüllt und eingefroren werden. Vor dem Dekorieren muss er eine Stunde auftauen.

Ergibt 8 Stücke

Teig für Biskuitrolle mit 3 Eiern und fein gemahlenem Vollkornmehl (Seite 17)
25 g Mandelblättchen (oder gehackte, gemischte Nüsse)
1 Rezept Butterglasur (Seite 23)
100–175 g hochwertige dunkle Schokolade
1 EL Kakaopulver
1–2 TL abgekochtes Wasser
Puderzucker, gesiebt, zum Bestäuben

1 Mandeln oder Nüsse mit dem Mehl zur Eimasse geben. Den Biskuit backen. Aufgerollt abkühlen lassen, dann entrollen, mit der Hälfte der Butterglasur füllen und wieder aufrollen.

2 Die Schokolade schmelzen und glatt rühren. In zwei oder mehr Portionen auf Alufolie oder eine Marmorplatte geben und gleichmäßig dünn ausstreichen. Wenn Ihre Küche warm ist, verwenden Sie mit Alufolie bezogene Bretter und stellen sie dann in einen kühleren Raum.

3 Die Schokolade abkühlen lassen, bis sie matt wird. Gelegentlich am Rand testen, ob sie die richtige Konsistenz hat. Ist sie zu hart, muss sie nochmals eingeschmolzen werden.

4 Einen breiten Metallschaber (oder einen neuen, sauberen Malerspachtel) über die Schokolade schieben, um Späne oder Rollen zu formen. Die Dicke der Späne bestimmen Sie selbst. Die Späne bis zur Verarbeitung in einen kühlen Raum stellen.

5 Das Kakaopulver mit dem Wasser anrühren und unter die restliche Butterglasur rühren. Die Biskuitrolle gleichmäßig mit der Creme bestreichen.

6 Sofort die Schokoladenspäne dicht an dicht wie Baumrinde in die Butterglasur drücken. Mit etwas Puderzucker überstäuben und bis zum Servieren kühl stellen.

Hochzeitstorte Harmonie

Das Motiv der beiden Fische lehnt sich an das asiatische Yin-Yang-Symbol an. Es steht für Gegensätze, die sich zur perfekten Harmonie ergänzen.

Ergibt 20–30 Stücke

dunkler Früchtekuchen (23 cm x 23 cm, Rezept Seite 20, Mengenangaben Seite 22)
Aprikosenglasur (Seite 26)
675 g Marzipan (Seite 26)
675 g Eiweißspritzglasur (Seite 28)
cremefarbene Lebensmittelfarbe (oder eine Mischung aus winzigen Mengen Gelb, Kastanienbraun und Orange)
quadratische Tortenplatte (28 cm x 28 cm)
weißer Glitzerzucker
Bänder in Gold und Purpur
purpurfarbene Nelken und etwas Grün

1 Den Kuchen mit Aprikosenglasur und Marzipan überziehen, dann mit cremefarbener Eiweißspritzglasur bedecken. Auch die Tortenplatte dünn überziehen. Nach dem Trocknen den Kuchen mit Eiweißspritzglasur auf der Platte fixieren.

2 Mithilfe der kleinen Vorlage (Seite 96) die Konturen von vier Fischpaaren mit der Glasur spritzen, ausgießen und aushärten lassen. Dann mit Glitzerzucker überstäuben. Ein goldenes Band und ein schmaleres Band in Purpur um den unteren Rand der Torte legen.

3 Eiweißspritzglasur mit einer feinen Lochtülle im Perlenschnurmuster auf Kuchenoberfläche und Seiten diagonal je zwei Linien in engem Abstand aufspritzen. Die äußeren Konturen der Dreiecke mit Perlenschnurmuster oder Wellenlinien nachspritzen, die jeweils oberen Dreiecke mit Cornelli (Seite 36) füllen.

4 Mithilfe der größeren Fischpaarvorlage (Seite 96) die Konturen mit fester Glasur direkt in das noch leere Dreieck der Tortenoberfläche spritzen und trocknen lassen, dann die Flächen ausgießen. Trocknen lassen.

5 Die kleinen Fische mit Eiweißspritzglasur in den leeren Dreiecken der Seiten befestigen und mit Glitzerzucker überstäuben. Die frischen Blumen erst kurz vor dem Servieren hinzufügen.

Turteltauben-Hochzeitstorte

Prächtige Vögel in Weiß und Bronze sind eine edle Dekoration für diese große Torte. Für solche Figuren gibt es spezielle Ausstechformen, die Linien werden aufgemalt. Bänder und duftige Schleifen runden die Dekoration ab.

Ergibt 70–80 Stücke

3 dunkle Früchtekuchen mit 16, 20 und 30 cm Ø (Seite 20, Mengen Seite 22)
Aprikosenglasur (Seite 26)
1 kg Marzipan (Seite 26)
1 kg Zuckerpaste (Seite 30)
Lebensmittelfarbe in Apricot oder Beige
Tortenplatte (38 cm Ø)
225 g Pastillage oder Blütenpaste (Fertigprodukt)
Ausstecher für Tauben
Floristendraht
weißes Klebeband
essbarer Klebstoff
essbare Goldbronze
Glitzerzucker in Kupfer und Weiß
kariertes Papier
225 g Eiweißspritzglasur (Seite 28)
Zierbänder in Bronze, Apricot und Weiß

Kleine Geschenke

Schenken Sie jedem Gast ein Tüllbeutelchen mit vergoldeten Mandeln: einfach dragierte Mandeln nach Packungsanweisung mit der essbaren Goldbronze überziehen.

1 Alle drei Kuchen mit Aprikosenglasur bestreichen und Marzipandecken auflegen. Dann mit Zuckerpaste in abgestuften Apricot-Tönen (unten dunkler als oben) überziehen und aushärten lassen. Einen 5 cm breiten Rand der Tortenplatte mit Zuckerpaste belegen und mit einem Zahnstocher ein Kreppmuster eindrücken.

2 Die Pastillage nach Packungsanweisung zubereiten. Sehr dünn ausrollen und möglichst viele Tauben ausstechen. Sie sind empfindlich – seien Sie darum auf Bruch vorbereitet. Jeden Vogel vorsichtig mit einem Pinsel aus der Form drücken, eventuell die Innenkonturen mit einem Zahnstocher nacharbeiten.

3 Die Tauben an der Rückseite mit weißem Klebeband an Drähten befestigen. Einige Stunden trocknen lassen. Die Hälfte der Tauben mit essbarer Goldbronze einfärben, dabei die Packungsanweisung beachten. Bronzefarbene Tauben mit kupferfarbenem, und weiße Tauben mit weißem Glitzerzucker bestäuben. Einige Stunden trocknen lassen.

4 Einen langen Streifen kariertes Papier zuschneiden und um den größten Kuchen legen. Mit einer Nadel Markierungen für die oberste und unterste Reihe der Punkt-Verzierung durchstechen. Die anderen Kuchen ebenso markieren. Dann die Reihen aus kleinen Punkten aus Eiweißspritzglasur auf alle drei Kuchen spritzen und trocknen lassen.

5 Die unteren Ränder der Kuchen und den Rand der Platte mit bronzefarbenem Band verzieren. Zwei oder drei üppige Schleifen binden und mit umwickeltem Floristendraht fixieren.

6 Den größten Kuchen mittig auf die Platte setzen, die kleineren so aufsetzen, dass alle drei Kuchen hinten eine Linie bilden. Auf jeder Seite der fertigen Torte eine Schleife einstecken. Zwei, vier oder mehr Tauben auf die oberste Etage setzen. Nach Belieben können weitere Tauben auf den unteren Etagen fixiert werden.

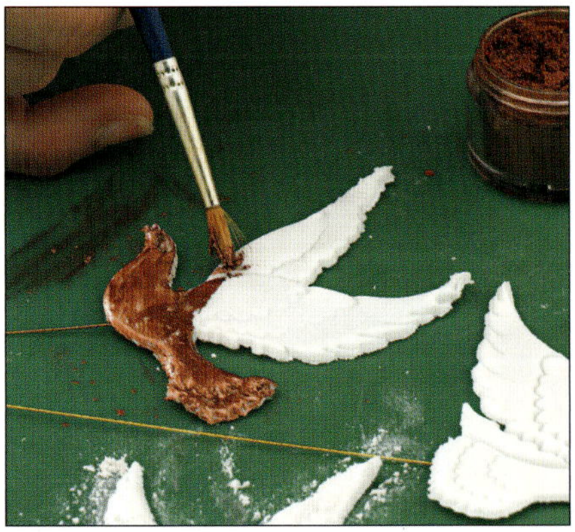

Vorlagen

gespritzte Schokoladen-dekoration (Seite 43) für **glasierte Muffins** (Seite 48)

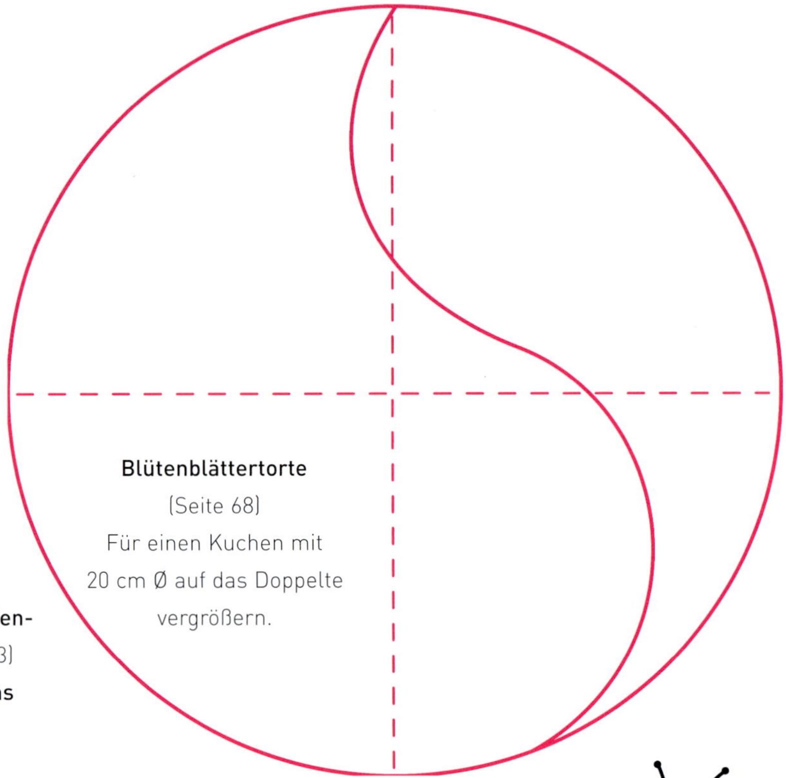

Blütenblättertorte
(Seite 68)
Für einen Kuchen mit 20 cm Ø auf das Doppelte vergrößern.

Einfache Dekoration für Biskuittorten (Seite 18)
Für eine Torte mit 20 cm Ø auf das Doppelte vergrößern.

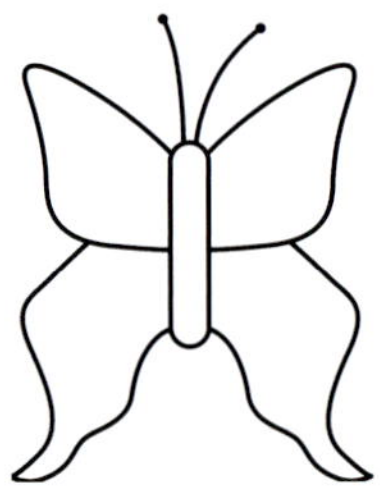

Dankeschön mit Schmetterlingen
(Seite 70)

Hochzeitstorte Harmonie
(Seite 92)